Programmes de 1890 et de 1891

(Enseignement secondaire classique). — Année préparatoire (Enseignement secondaire des jeunes filles). — Enseignement dans les familles.

. HALBWACHS & F. WEBER

L'ANNÉE PRÉPARATOIRE

D'ALLEMAND

Théorie simple
Historiettes, Poésies, Chants.
250 figures parlantes.

Armand COLIN et Cie

ÉDITEURS

du Cours d'Anglais de M. Baret
et du Précis grammatical de langue anglaise de M. Haussaire

L'ANNÉE PRÉPARATOIRE

D'ALLEMAND

HALBWACHS & WEBER

Agrégés de l'Université.

La Première année d'Allemand, Grammaire et Vocabulaire, Exercices, Conversations, Morceaux choisis. 1 vol. in-12, cartonné 1 60

La Deuxième année d'Allemand, Grammaire et Vocabulaire, Exercices, Conversations, Morceaux choisis, Lexiques. 1 volume in-12, cartonné .... 2 »

La Troisième année d'Allemand, Grammaire allemande complète avec un choix de locutions (gallicismes et germanismes). 1 vol. in-12, cartonné .... 2 »

Exercices allemands de Troisième année. Listes de mots, Conversations, Versions, Thèmes, Lettres commerciales. Morceaux choisis. 1 vol. in-12, cartonné 2 50

Mots allemands et Conversations, avec un choix de locutions (gallicismes et germanismes), extraits des **Exercices allemands de Troisième année.** 1 volume in-12, cartonné. 1 50

HALBWACHS

Précis grammatical et Vocabulaire de la Langue allemande, à l'usage des classes supérieures et des candidats aux écoles militaires, Saint-Cyr et Polytechnique. 1 volume in-18 jésus, relié toile 1 50

TAVERNIER & ADAM

Choix gradué de Chansons allemandes, *avec musique*, à l'usage des classes élémentaires. 1 vol. in-8°, cartonné... 1 25

REIBEL

Cours d'Allemand commercial, Vocabulaires, Conversations, Correspondance commerciale, Pièces commerciales, Annonces, Sujets de concours commercial, Lectures géographiques, Cartes, Plans, etc., Lexique français-allemand. 1 volume in-18 jésus, cartonné 2 75

CLARAC

Agrégé de l'Université.

Iphigénie en Tauride, de Gœthe, annotée et commentée. 1 volume in-18 jésus, relié toile 1 75

Minna de Barnhelm, Comédie de LESSING, annotée. 1 volume in-18 jésus, relié toile .... 2 »

Programmes de 1890 et 1891.

L'ANNÉE PRÉPARATOIRE D'ALLEMAND

(Deutsche Fibel)

LECTURE ET ÉCRITURE — VOCABULAIRE
NOTIONS DE GRAMMAIRE — EXERCICES — CONVERSATIONS
MORCEAUX CHOISIS — CHANTS

A L'USAGE

des classes de 9e (Enseignement secondaire classique)
de l'Année préparatoire (Enseignement secondaire de jeunes filles)
et de l'Enseignement dans les familles.

PAR

G. HALBWACHS & **F. WEBER**

Agrégé de l'Université,
Professeur d'allemand au lycée Saint-Louis.

Agrégé de l'Université,
Professeur d'allemand au lycée Hoche, à Versailles.

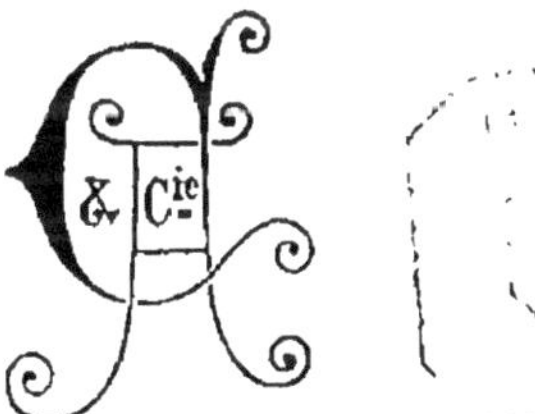

PARIS

ARMAND COLIN ET Cie, ÉDITEURS

5, RUE DE MÉZIÈRES, 5

1897

PRÉFACE

On n'apprend une langue vivante que par l'étude *parallèle* et *méthodique* des *mots* et des *règles*. — C'est sur ce principe que s'appuie l'*Année préparatoire d'Allemand*, destinée aux jeunes élèves de 9e, des classes préparatoires, et à l'enseignement dans les familles.

Voici la composition de ce volume :

1° Notions de *lecture* et d'*écriture*.

2° Trente-trois leçons de *quatre* pages, comprenant une partie *théorique :* vocabulaire, théorie grammaticale, paradigmes, figures parlantes, et une partie *pratique :* thèmes, versions, exercices oraux, conversations, mettant en œuvre les éléments grammaticaux qu'ils accompagnent.

Le *vocabulaire* (1re page) comprend les catégories de noms relatifs à la famille, à l'homme, aux animaux, à la maison, à l'école, au corps, aux vêtements, à la ville, et, en outre, un certain nombre de noms propres de personnes. A ces noms sont ajoutés les adjectifs, les verbes et autres termes les plus usités.

La *théorie grammaticale* (2e page) et les *paradigmes* (3e page) embrassent successivement les éléments indispensables à une année préparatoire d'allemand.

Les *figures parlantes* (4e page) fixent et augmentent les termes du vocabulaire, en s'adressant aux yeux et à l'imagination des enfants.

3° Deux *listes de revision des vocabulaires*, l'une au milieu, l'autre à la fin des leçons.

4° Une *revision méthodique des règles de grammaire et des paradigmes*, constituant une *grammaire élémentaire*.

5° Des *historiettes* et des *poésies enfantines* avec la *traduction littérale*, destinée à faire ressortir la différence de construction des deux langues. Cette partie est suivie de quelques morceaux de chant faciles.

6° Un *lexique français-allemand* et un *lexique allemand-français*, réunissant par *ordre alphabétique* tous les termes employés dans le volume, et permettant de suppléer à toute défaillance de mémoire.

G. Halbwachs et Weber.

L'ANNÉE PRÉPARATOIRE

D'ALLEMAND

(Deutsche Fibel)

ALPHABET ALLEMAND

	MINUSCULES.		MAJUSCULES.		
Alphabet français.	Caractères d'imprimerie.	Caractères d'écriture.	Caractères d'imprimerie.	Caractères d'écriture.	Noms allemands.
a	a	a	A	A	a.
b	b	b	B	B	bé.
c	c	c	C	C	tsé.
d	d	d	D	D	dé.
e	e	e	E	E	é.
f	f	f	F	F	effe.
g	g	g	G	G	gué.

	MINUSCULES.		MAJUSCULES.		
Alphabet français.	Caractères d'imprimerie.	Caractères d'écriture.	Caractères d'imprimerie.	Caractères d'écriture.	Noms allemands.
h	𝔥		ℌ		ha.
i	𝔦		ℑ		i.
j	𝔧		ℑ		iott.
k	𝔨		𝔎		ka.
l	𝔩		𝔏		elle.
m	𝔪		𝔐		emme.
n	𝔫		𝔑		enne.
o	𝔬		𝔒		o.
p	𝔭		𝔓		pé.
q	𝔮		𝔔		quou.

Alphabet français.	MINUSCULES. Caractères d'imprimerie.	Caractères d'écriture.	MAJUSCULES. Caractères d'imprimerie.	Caractères d'écriture.	Noms allemands.
r	r		R		err.
s	ſ, s (final)		S		esse.
t	t		T		té.
u	u		U		ou.
v	v		V		faou.
w	w		W		vé.
x	x		X		iks.
y	y		Y		ypsilon.
z	z		Z		tssette.

Consonnes doubles.

Ch (Ch), ck (ck), sch (ſch), sp (ſp), st (ſt), sz (ß), ts (tz).

EXERCICES DE LECTURE

1. Exercice de lecture. — Leseübung.

Lisez :

ba, de, fi, lo, ku, ja, mi, nu,
ba, de, fi, lo, kou, ïa, mi, nou,

ab, em, in, un, um, dem, vor,
ab, emm, inn, ounn, oum, demm, for,

schon, auf, auch, euch, keuch, neu,
chône, aouf, aouch, eüch, keüch, neü,

lei, fein, sein, lieb, rieb, sieb, dach,
laï, faïnn, saïnn, lîb, rib, sib, dach,

fach, mich, dich, sich, doch, noch,
fach, mich, dich, sich, doch, noch,

Lisez et copiez :

Aal, Band, Leder, Dorf, Ente,
al, bannde, lederr, dorf, ennté[1],

Fuchs, Gans, Hahn, Igel, Jäger,
fouxe, gauns, hâne, iguel, yéguerr,

Kalb, Luchs, Maus, Natter, Pudel,
kalb, louxe, maouss, natterr, poudel,

Qualm, Reiter, Storch, Tiger,
koualm, raïterr, storch, tiguerr,

Unze, Vogel, Wein, Xaver, Zahn.
ountsé, foguel, vaïnn, xaferr, tsâne.

---

1. Le son de l'e final tient le milieu entre *é* et *eu*, mais il est *très bref.*

2. **Der fleißige Knabe.**

derr flaïssigué knâbé.

L'appliqué petit garçon.

Edmund ist sehr fleißig.
Edmounde iste sehr flaïssig.
Edmond est très appliqué.

Wenn er aus der
Wenn err aouss der
S' il de l'

Schule nach Hause kommt, so nimmt
choulé nach haousé kommte, so nimmte
école à la maison vient, prend -

er sein Vesperbrot ein, spielt eine
err saïnn fesperbróte aïnn, spille aïnné
il son goûter, joue une

halbe Stunde, setzt sich dann an
halbé stoundé, setste sich dann ann
demi - heure, assied se ensuite à

den Tisch und macht die Aufgabe,
denn tiche ounde macht di aoufgabé,
la table et fait le devoir

welche der Lehrer für die folgende
velché derr Lé-rerr fur di folguendé
que le professeur pour la suivante

Unterrichtsstunde aufgegeben hat.
Ounterrichtsstoundé aoufguequèbenn[1] *hat.*
leçon donné a.

1. Le **e** des syllabes finales **el, en, er** ne s'entend presque pas; ainsi geben se prononce *gueb'n;* Vogel se prononce *fóg'l;* Tiger se prononce *tig'r.*

3. Der bestrafte Leichtsinn.

derr bestrafté laïchtsinn.
La punie légèreté.

Johanna hatte einen
Johanna hatté aïnenn
Jeanne avait une

Käfig mit einem
kaifig mit aïnemm
cage avec un

hübschen Kanarienvogel erhalten.
hubchenn canariënn-foguel erhaltenn.
joli canari reçu.

„Er singt sehr schön", sagte ihr
Err sinngt zére cheünn, sagté ir
Il chante très bien, dit son

Vater, besorge ihn gut. Aber Johanna
faterr, besorgué ine goûte. Aberr Johanna
père, soigne - le bien. Mais Jeanne

war leichtsinnig; eines Tages gab
var laïchtsinnig; aïness taguess gab
était légère; un jour donna-

sie dem Vogel keine Hirse, und am
zi demm foguel kaïnné hirsé, ounde ame
t-elle à l'oiseau pas de millet, et à

andern Morgen lag das arme
anderne morguenn lague das armé
l'autre matin gisait le pauvre

Thierchen todt in dem Käfig.
tierchenn tôte inn demm kaifigue.
petit animal mort dans la cage.

Der gute Knabe. 4. Le bon
Derr goûté knabé. petit garçon.

Heinrich ist gut und
Heïnrich iste goûte ound
Henri est bon et

gefällig gegen seine
gué-fellique gué-guenn saïné
complaisant envers ses

Kameraden. Er spielt
kameradenn. Err spîlte
camarades. Il joue

mit ihnen, leiht ih-
mite înenn, laï-te în-
avec eux, prête à

nen seine Bücher, hilft
enn xaïné bu-chorr, hilf-te
eux ses livres, prête

ihnen die Aufgaben
înenn die aouf-gabenn
à eux les devoirs

machen. Auch lieben ihn
ma-chenn. Aouch libenn înn
faire Aussi aiment lui

alle seine Mitschüler.
allé xaïné mitt-chulerr
tous ses condisciples.

Seid vorsichtig. 5. Soyez prudents.
Saïde for - sich - tigue

Luise wollte auf der
Loui-sé vollté aouf derr
Louise voulut sur la

Maschine ihrer Mutter
ma - chiné îrerr moutterr
machine de sa mère

nähen, aber sie war
nè - enn, aberr zie var
coudre, mais elle était

unvorsichtig. Als sie den
ounfor - sich - tigue. Alss zie denn
imprudente Lorsqu'elle le

Faden einfädeln wollte
fadenn aïnn - fèdeln vollté
fil enfiler voulut

senkte sich die Nadel
senkté sich die na - del
abaissa se l' aiguille

und durchstach ihr den
ounde dourch - stach îre denn
et transperça à elle le

Finger.
fi - nguerr.
doigt.

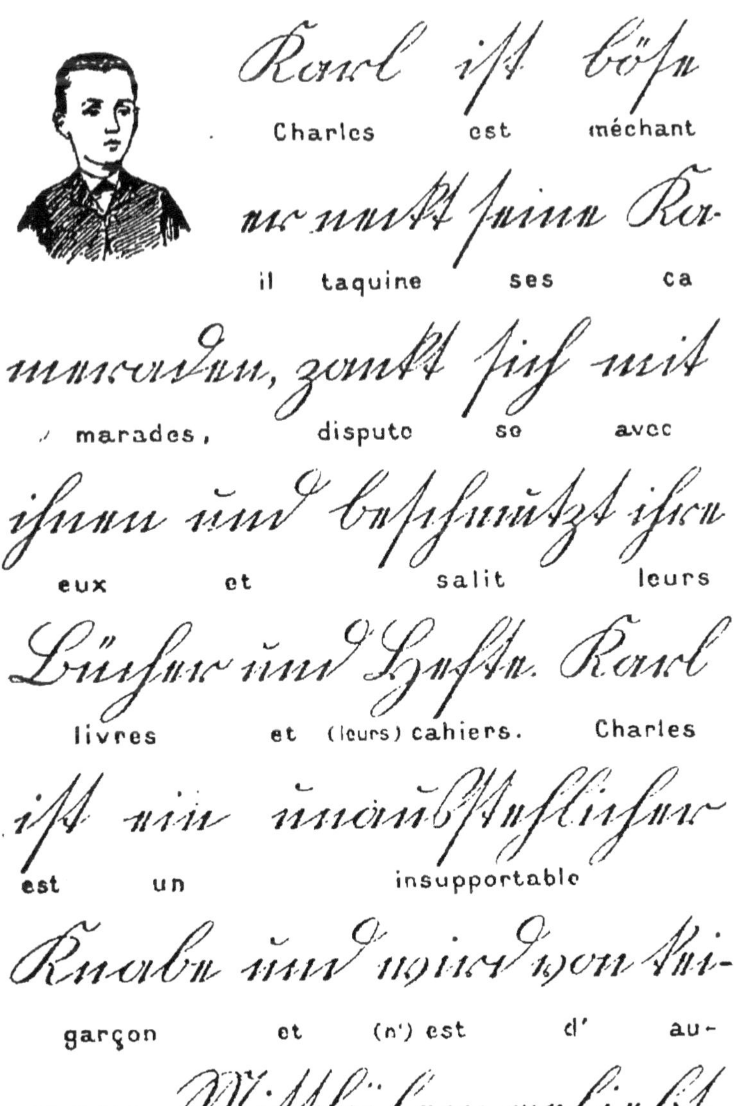

6 Le méchant petit garçon.

Charles est méchant
il taquine ses ca
marades, dispute se avec
eux et salit leurs
livres et (leurs) cahiers. Charles
est un insupportable
garçon et (n') est d' au-
cun condisciple aimé.

Das höfliche Mädchen. 7. La polie petite fille.

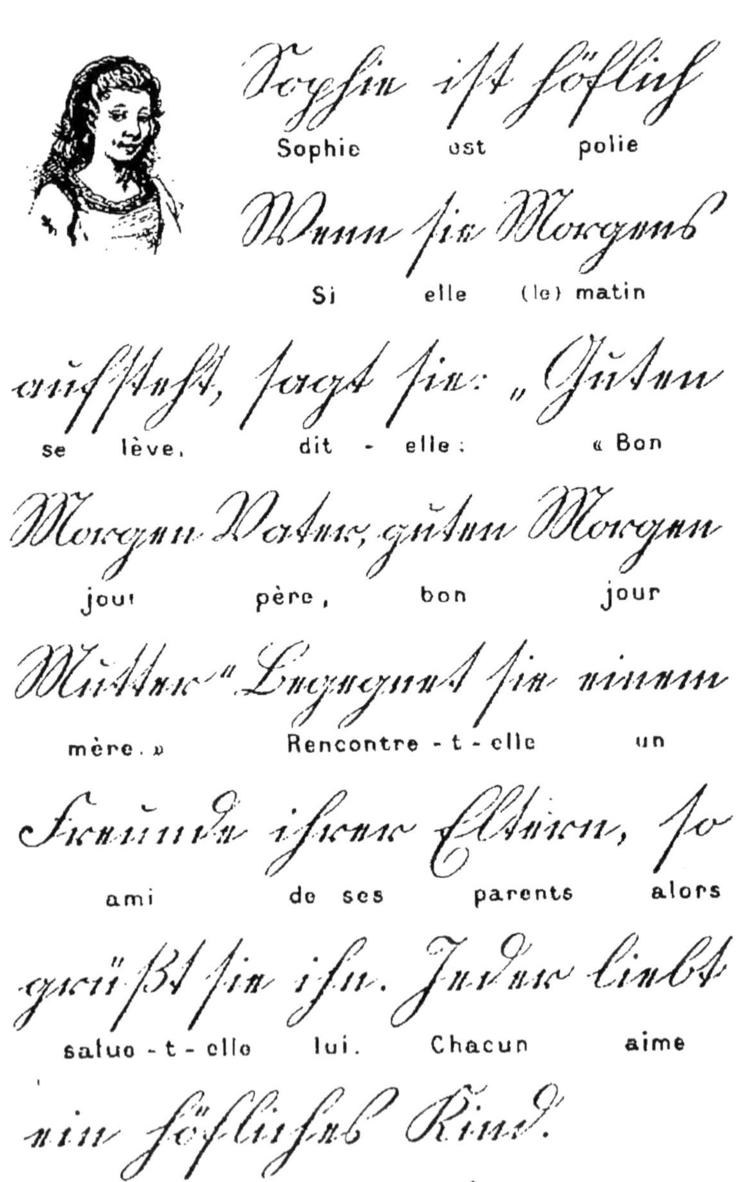

PREMIÈRE LEÇON

(Copiez et étudiez cette page.)

Die Familie. La famille.

der Vater (")[1], — der Vater
le père,

die Mutter ("), — die Mutter
la mère,

der Sohn ("e)[2], — der Sohn
le fils,

die Tochter ("), — die Tochter
la fille,

alt, — alt
vieux,

jung, — jung
jeune,

groß, — groß
grand,

klein, — klein
petit,

und, — und
et,

Karl, — Karl
Charles.

---

1. Le signe (") indique que le nom prend au pluriel l'*inflexion* sur la voyelle du radical.
2. Le signe ("e) indique que le nom prend au pluriel l'*inflexion* et un **e** comme terminaison.

[1re LEÇON]

ARTICLES

8. Article défini.

MASCULIN	FÉMININ	NEUTRE
der	**die**	**das**
le	la	le *ou* la

MASCULIN :	**der** Vater,	le père.
FÉMININ :	**die** Mutter,	la mère.
NEUTRE :	**das** Kind,	l'enfant.

9. Article indéfini.

MASCULIN	FÉMININ	NEUTRE
ein	**eine**	**ein**
un	une	un *ou* une

MASCULIN :	**ein** Hund,	un chien.
FÉMININ :	**eine** Ziege,	une chèvre.
NEUTRE :	**ein** Schaf,	une brebis.

---

1. Exercice.

De quel genre sont les mots :

die Mutter (ʺ), la mère.	**der** Vater (ʺ), le père.
das Kind (er), l'enfant.	**eine** Mutter (ʺ), une mère.
ein Vater (ʺ), un père.	**ein** Kind (er), un enfant.

[1re LEÇON].

Verbe sein, être.

INDICATIF PRÉSENT.

			Forme interrogative.	
1re pers.	Ich bin	(klein).	bin ich	(artig)?
	je suis	(petit).	suis-je	(gentil)?
2e pers.	du bist	—	bist du	— ?
	tu es	—	es-tu	— ?
3e p. masc.	er ist		ist er	— ?
	il est		est-il	— ?
3e p. fém.	sie ist	—	ist sie	— ?
	elle est	—	est-elle	— ?
3e p. neut.	es ist		ist es	— ?
	il est		est-il	— ?
1re p. pl.	wir sind	—	sind wir	— ?
	nous sommes	—	sommes-nous	— ?
2e p. pl.	ihr seid	—	seid ihr	— ?
	vous êtes	—	êtes-vous	— ?
3e p. pl.	sie sind	—	sind sie	— ?
	ils *ou* elles sont	—	sont-ils *ou* elles	— ?

2. Exercice.

Conjuguez sur les modèles ci-dessus :

ich bin gut, — je suis bon.

bin ich klein? — suis-je petit?

3. Version.

Copiez et traduisez :

1. Du bist alt. — 2. Ist sie groß? — 3. Ihr seid jung. — 4. Bin ich klein? — 5. Wir sind alt. — 6. Ist er jung? — 7. Du bist groß. — 8. Sind wir klein?

[1re LEÇON]

Die Familie. La famille.

Der Vater und seine Kinder.
Le père et ses enfants.

Die Mutter hat ihre Tochter auf dem Schoß.
La mère a sa fille sur ses genoux.

Der Großvater und sein Enkel.
Le grand-père et son petit-fils.

Der gute Sohn liest seiner Mutter vor.
Le bon fils fait à sa mère une lecture.

Der Bruder schreibt einen Brief.
Le frère écrit une lettre.

Das Kind lernt lesen.
L'enfant apprend à lire.

DEUXIÈME LEÇON

(Copiez et étudiez cette page.)

Die Familie. La famille (*suite*).

die Eltern (*plur.*). les parents.	die Eltern
das Kind (er)[1], l' enfant.	das Kind
der Bruder (")[2], le frère.	der Bruder
die Schwester (n)[3], la sœur.	die Schwester
reich, riche.	reich
arm, pauvre.	arm
gut, bon.	gut
böse, méchant.	böse
aber, mais.	aber
Karoline, Caroline.	Karoline

1. Le signe (**er**) indique que le nom prend au pluriel **er**.
2. Le signe (") indique que le nom prend au pluriel l'*inflexion* sur la voyelle du radical.
3. Le signe (**n**) indique que le nom prend au pluriel un **n**.

[2e LEÇON]

10. **Majuscules**. — Tous les noms allemands prennent une *majuscule*.

Ex.: Le frère, der Bruder.
La sœur, die Schwester.

11. **Attribut invariable**. — L'adjectif *attribut* reste toujours *invariable*.

Ex.: La mère est *bonne*, die Mutter ist **gut**.
Le père et la mère sont *bons*, der Vater und die Mutter sind **gut**.

---

4. Version.

Copiez et traduisez; dites le genre des noms :

1. Der Vater ist alt. — **2.** Die Mutter ist gut. — **3.** Das Kind ist klein. — **4.** Der Sohn ist böse. — **5.** Die Tochter ist groß. — **6.** Die Eltern sind reich. — **7.** Der Bruder ist jung.

5. Exercice.

Traduisez en indiquant la personne du verbe (voir page 17) :

1. Elle est. — **2.** Nous sommes. — **3.** Suis-je? — **4.** Il (*neut.*) est. — **5.** Êtes-vous? — **6.** Ils sont. — **7.** Est-elle? — **8.** Tu es. — **9.** Sont-ils? — **10.** Vous êtes. — **11.** Il est. — **12.** Je suis bon. — **13.** Sommes-nous riches? — **14.** Vous êtes méchants.

EXERCICE ORAL.

Wie ist der Vater? Der Vater ist alt, u. s. w.[1].
Comment est le père? Le père est âgé, etc.

---

1. Und so weiter, et cætera.

[2e LEÇON]

Verbe **werden**, devenir.

INDICATIF PRÉSENT.

			Forme interrogative.	
1re pers.	Ich werde	(krank),	werde ich	(krank)?
	je deviens	(malade).	deviens-je	(malade)?
2e pers.	du wirst	—	wirst du	— ?
	tu deviens	—	deviens-tu	— ?
3e pers. masc.	er wird	—	wird er	— ?
	il devient	—	devient-il	— ?
3e pers. fém.	sie wird	—	wird sie	— ?
	elle devient	—	devient-elle	— ?
3e pers. neut.	es wird	—	wird es	— ?
	il devient	—	devient-il	— ?
1re p. pl.	wir werden	—	werden wir	— ?
	nous devenons	—	devenons-nous	— ?
2e p. pl.	ihr werdet	—	werdet ihr	— ?
	vous devenez	—	devenez-vous	— ?
3e p. pl.	sie werden	—	werden sie	— ?
	ils *ou* elles deviennent	—	deviennent-ils *ou* elles	— ?

6. Exercice.

Conjuguez sur les modèles ci-dessus :

ich werde groß,	je deviens grand.
werde ich arm?	deviens-je pauvre?

7. Exercice oral.

Comment dit-on en allemand :

une sœur,	l'enfant,	la mère,
le père,	un fils,	un père,
la fille,	le frère,	un enfant,
le fils,	une mère,	la famille.

[2e LEÇON].

Die Familie (*suite*).

Der Onkel umarmt seinen Neffen.
L'oncle embrasse son neveu.

Der Bruder und die Schwester spielen.
Le frère et la sœur jouent.

Das fleißige Mädchen spinnt.
La laborieuse petite fille file.

Das Kind schläft.
L'enfant dort.

Der Greis liest einen Brief.
Le vieillard lit une lettre.

Der Diener und die Magd reden mit ihrem Herrn.
Le domestique et la servante parlent (avec) à leur maître.

TROISIÈME LEÇON

(Copiez et étudiez cette page.)

Die Familie. La famille (*suite*).

der Großvater ("-), le grand-père,	der Großvater
die Großmutter ("-), la grand'mère,	die Großmutter
der Enkel (-), le petit-fils.	der Enkel
die Enkelin (nen), la petite-fille,	die Enkelin
gesund, bien portant,	gesund
krank, malade,	krank
stolz, fier,	stolz
artig, gentil,	artig
sehr, très,	sehr
Ludwig, Louis.	Ludwig

12. **Imparfait et passé défini**. — La langue allemande n'a qu'un seul temps pour exprimer l'*imparfait* et le *passé défini*.

Ex.: J'*étais* ou je *fus*, ich **war.**
Je *devenais* ou je *devins*, ich **wurde.**

13. **Ne... pas.** — La négation *ne... pas* se traduit en allemand par **nicht.**

Ex.: Je [*ne*] suis *pas* malade (*tourn.* : je suis *ne pas* malade), ich bin **nicht** krank.

---

8. Version.

Copiez et traduisez; dites le genre des noms.

1. Die Großmutter wird nicht krank. — 2. Der Enkel wird nicht böse. — 3. Die Schwester ist nicht stolz. — 4. Der Großvater ist nicht gesund. — 5. Seid ihr nicht artig?

9. Thème.

Traduisez et indiquez la personne du verbe :

1. Tu n'es pas méchant. — 2. Ils ne sont pas malades. — 3. Elle n'est pas âgée. — 4. Êtes-vous gentils? — 5. Nous ne devenons pas riches. — 6. Ils ne deviennent pas bons. — 7. Vous ne devenez pas fier.

EXERCICE ORAL.

Wer wird nicht krank? Die Großmutter wird, u.s.w.
Qui ne devient pas malade? La grand'mère ne devient, etc.

[3e LEÇON]

Verbe sein, être.

IMPARFAIT.

1re pers.	Ich war	(arm),	j'étais *ou* je fus		(pauvre)
2e pers.	du warst	—	tu étais *ou* tu fus		—
3e pers.	er / sie / es war	—	il / elle / il	était *ou* fut	—
1re p. pl.	wir waren	—	nous étions *ou* nous fûmes		—
2e p. pl.	ihr waret	—	vous étiez *ou* vous fûtes		—
3e p. pl.	sie waren	—	ils *ou* elles étaient *ou* furent		—

10. Exercice.

Conjuguez sur le modèle ci-dessus :

ich war nicht stolz, — je n'étais pas fier.
war ich reich? — étais-je riche ?

Conjuguez sur les modèles de la page 17 :

ich bin noch jung, — je suis encore jeune.
bin ich nicht krank? — ne suis-je pas malade?

11. Exercice oral.

Comment traduit-on :

nous sommes,	suis-je?	devient-il (*neut.*)?
est-elle?	j'étais,	elle était,
il (*neut.*) est,	vous étiez,	sont-elles?
nous étions,	je deviens,	étions-nous?
étaient-ils?	sommes-nous?	vous devenez,
il (*masc.*) devient,	tu deviens,	êtes-vous?

[3e LEÇON].

Der Mensch. L'homme.

Die Leute erwarten das vorüberziehende Regiment.
Les gens attendent le qui passe régiment.

Der Mann und die Frau speisen.
Le mari et la (sa) femme dînent.

Der Jüngling führt seinen Großvater.
Le jeune homme conduit son grand-père.

Der Herr und die Dame.
Le monsieur et la dame.

Der Knecht striegelt das Pferd.
Le valet étrille le cheval.

Die Magd näht.
La servante coud.

QUATRIÈME LEÇON

(Copiez et étudiez cette page.)

Die Familie. La famille (*suite*).

der Onkel (-), l' oncle,	der Onkel
die Tante (n), la tante,	die Tante
der Neffe (n), le neveu,	der Neffe
die Nichte (n), la nièce,	die Nichte
glücklich, heureux,	glücklich
unglücklich, malheureux,	unglücklich
fleißig, appliqué,	fleißig
träge, paresseux,	träge
zu, trop,	zu
Luise, Louise.	Luise

[4e LEÇON]

14. Adjectifs possessifs. — Les adjectifs *possessifs* allemands sont :

MASCULIN	FÉMININ	NEUTRE	
mein,	meine,	mein,	mon, ma.
dein,	deine,	dein,	ton, ta.
sein,	seine,	sein,	son, sa.
ihr,	ihre,	ihr,	son, sa.

(La suite, p. 32.)

---

12. Version.

Copiez et traduisez; dites le genre des noms :

1. Mein Onkel war glücklich. — **2.** Deine Tante war sehr alt. — **3.** Sein Neffe war zu böse. — **4.** Dein Bruder ist zu träge. — **5.** Seine Schwester ist sehr artig. — **6.** Deine Nichte war zu stolz. — **7.** Warst du nicht zu böse? — **8.** Luise war sehr fleißig.

13. Thème.

Traduisez en indiquant le temps du verbe :

1. Nous n'étions pas heureux. — **2.** Étiez-vous très malheureux? — **3.** N'était-il (*masc.*) pas sage? — **4.** Elles n'étaient pas pauvres. — **5.** Vous étiez trop fier. — **6.** Il (*neutre*) n'était pas malade. — **7.** Ils étaient trop paresseux. — **8.** Tu étais trop méchant.

EXERCICE ORAL.

Wer war unglücklich?	Mein Onkel war, u.s.w.
Qui était malheureux?	Mon oncle était, etc.

[4e LEÇON]

Verbe **werden**, devenir.

IMPARFAIT.

1re pers.	ich wurde (glücklich),	je devenais *ou* je devins (heureux).	
2e pers.	du wurdest —	tu devenais *ou* devins	—
3e p.	er / sie / es wurde —	il / elle / il devenait *ou* devint	—
1re p. p.	wir wurden —	n. devenions *ou* devînmes	—
2e p. pl.	ihr wurdet —	vous deveniez *ou* devîntes	—
3e p. pl.	sie wurden —	ils *ou* elles devenaient *ou* devinrent	—

14. Exercice.

Conjuguez sur le modèle ci-dessus :

ich wurde unglücklich, je devins malheureux.
wurde ich krank? devins-je malade?

Conjuguez sur le modèle de la page 21 :

ich werde nicht stolz, je ne deviens pas fier.
werde ich fleißig? deviens-je appliqué?

15. Exercice oral.

De quel genre sont les mots :

mein Vater,	mon père.	ein Kind,	un enfant.
deine Tante,	ta tante.	meine Nichte,	ma nièce.
sein Neffe,	son neveu.	seine Großmutter,	sa grand'mère.
meine Mutter,	ma mère.	dein Enkel,	ton petit-fils.
sein Onkel,	son oncle.	meine Base,	ma cousine.
deine Tochter,	ta fille.	sein Bruder,	son frère.
mein Großvater,	mon grand-père.	dein Sohn,	ton fils.
meine Enkelin,	ma petite-fille.	seine Schwester,	sa sœur.

[4e LEÇON].

Der Mensch. L'homme (suite).

Der Hutmacher verkauft Hüte und Mützen.
Le chapelier vend (des) chapeaux et (des) casquettes.

Der Uhrmacher verkauft Uhren und Taschenuhren.
L'horloger vend (des) pendules et (des) montres.

Der Arzt besucht einen Kranken.
Le médecin visite un malade.

Der Maler malt ein Bild.
Le peintre peint un portrait.

Der Photograph macht ein Porträt.
Le photographe fait un portrait.

Der Briefträger bringt einen Brief.
Le facteur apporte une lettre.

CINQUIÈME LEÇON

(Copiez et étudiez cette page.)

Die Familie. La famille (*suite*).

der Schwager ("), le beau-frère,	der Schwager
die Schwägerin (nen), la belle-sœur,	die Schwägerin
der Vetter (n), le cousin,	der Vetter
die Base (n), la cousine,	die Base
höflich, poli,	höflich
zufrieden, content,	zufrieden
fröhlich, joyeux,	fröhlich
traurig, triste,	traurig
immer, toujours,	immer
Johann, Jean.	Johann

15. Adjectifs possessifs (*suite*).

MASCULIN	FÉMININ	NEUTRE	
unser,	unsere,	unser,	notre.
euer,	eure,	euer,	votre.
Ihr,	Ihre,	Ihr,	votre.
ihr,	ihre,	ihr,	leur.

---

16. Version.

Copiez et traduisez; dites le genre des noms et le temps des verbes.

1. Mein Vetter wurde unglücklich. — **2.** Euer Neffe ist sehr fleißig. — **3.** Ihr Schwager und ihre Schwägerin waren sehr traurig. — **4.** Unsere Base ist immer glücklich und zufrieden. — **5.** Ihre Nichte war nicht höflich und nicht artig.

17. Thème.

Traduisez; indiquez le genre des noms et le temps des verbes :

1. Votre grand-père était toujours malade. — 2. Louise était trop fière. — 3. Votre beau-frère et votre belle-sœur sont toujours heureux et contents. 4. Notre grand'mère devint très malade. — 5. Leur cousin était très pauvre, mais il devint riche. — 6. Jeanne devint très polie et très appliquée.

EXERCICE ORAL.

Wer wurde unglücklich? Mein Vetter wurde, u.s.w.
Qui devint malheureux? Mon cousin devint, etc.

[5e LEÇON]

Verbe **sein**, être.

IMPÉRATIF.

2e pers.	sei	(artig),	sois	(gentil).
3e pers.	sei er	—	qu'il soit	—
	sei sie	—	qu'elle soit	—
	sei es	—	qu'il soit	—
1re p. pl.	seien wir	—	soyons	—
2e p. pl.	seid	—	soyez	—
3e p. pl.	seien sie	—	qu'ils *ou* qu'elles soient	—

---

18. Exercice.

Conjuguez sur le modèle ci-dessus :

sei immer gut,	sois toujours bon.
sei nicht böse,	ne sois pas méchant.

Conjuguez sur les modèles des pages 17 et 25 :

bin ich nicht fleißig?	ne suis-je pas appliqué?
ich war zu träge,	j'étais trop paresseux.

19. Exercice oral.

Comment traduit-on :

soyons,	devenions-nous?	soyez,
fut-il (*masc.*)?	qu'elle soit,	vous fûtes,
nous sommes,	devint-il (*neut.*)?	elles étaient,
fûtes-vous?	qu'elles soient,	devenez-vous?
ils devinrent,	nous étions,	ils furent,
tu étais,	vous êtes,	elles deviennent,
devins-tu?	sois,	devînmes-nous?
il (*neut.*) est,	fûmes-nous?	qu'ils soient.
je fus,	tu devenais,	elle devenait.

[5e LEÇON].

Der Mensch. L'homme.

Der Fischer fängt Fische.
Le pêcheur prend des poissons.

Der Jäger tödtet einen Bären.
Le chasseur tue un ours.

Der Bettler bittet um ein Almosen.
Le mendiant demande une aumône.

Der Richter verhört einen Zeugen.
Le juge entend un témoin.

Die Musiker und Sänger geben ein Konzert.
Les musiciens et les chanteurs donnent un concert.

Der Reiter reitet spazieren.
Le cavalier se promène à cheval.

SIXIÈME LEÇON

(Copiez et étudiez cette page.)

Der Mensch. L'homme.

die Leute (*m. pl.*), les gens,	die Leute
der Greis (ſe)[1], le vieillard,	der Greis
der Mann (″er)[2], l' homme,	der Mann
die Frau (en), la femme,	die Frau
klug, prudent,	klug
unklug, imprudent,	unklug
müde, fatigué,	müde
wieder, de nouveau,	wieder
noch, encore,	noch
Johanna, Jeanne.	Johanna

1. Le s final se change en ſ, lorsqu'il est suivi d'une terminaison.
2. Le signe (″**er**) indique que le nom prend au pluriel l'*inflexion* et la terminaison **er**.

16. ***Ils sont* au lieu de *vous êtes*.** — En allemand, par politesse, on dit : *Ils sont*, au lieu de *vous êtes*.

Ex.: Monsieur, *vous êtes* heureux : (*tourn.* : Monsieur, *Ils sont* heureux), mein Herr, **Sie sind** glücklich.

Dans ce cas, le pronom **Sie** prend toujours une majuscule.

---

20. Version.

Copiez et traduisez; dites le genre des noms et le temps des verbes.

1. Der Mensch wird alt. — **2.** Die Leute wurden arm. — **3.** Der Greis war zu müde. — **4.** Ein Mann wurde krank. — **5.** Sein Onkel ist klug. — **6.** Mein Vetter und meine Base waren unklug. — **7.** Seid nicht träge.

21. Thème.

Traduisez; indiquez le genre des noms et le temps des verbes.

1. Les gens devinrent malheureux. — **2.** Le vieillard était très fatigué. — **3.** L'homme devint bien portant. — **4.** Jeanne était très imprudente. — **5.** Soyons toujours sages. — **6.** Soyez appliqués, ne soyez pas paresseux. — **7.** Qu'il soit gentil.

EXERCICE ORAL.

Wie wird der Mensch? Der Mensch wird, u.s.w.
Comment devient l'homme? L'homme devient, etc.

[6e LEÇON]

Verbe **werden**, devenir.

IMPÉRATIF.

2e pers.	werde	(höflich),	deviens		(poli).
3e pers.	werde	er —	qu'il	devienne	—
		sie —	qu'elle		
		es —	qu'il		
1re p. pl.	werden wir	—	devenons		—
2e p. pl.	werdet	—	devenez		—
3e p. pl.	werden sie	—	qu'ils *ou* qu'elles deviennent		—

22. Exercice.

Conjuguez sur le modèle ci-dessus.

werde klug, deviens prudent.
werde nicht stolz, ne deviens pas fier.

Conjuguez sur les modèles des pages 21 et 29.

ich werde nicht unglücklich, je ne deviens pas malheureux.
wurde ich nicht traurig? ne devins-je pas triste?

23. Conversation.

Wie ist der Vater? Comment est le père !	Der Vater ist gut. Le père est (bon).
— — die Mutter?	Die Mutter ist... (heureuse).
— — der Sohn?	Der Sohn ist noch... (jeune).
— — die Tochter?	Die Tochter ist... (gentille).
— — der Großvater?	Der Großvater ist... (vieux).
— — die Großmutter?	Die Großmutter ist... (malade).
— — der Enkel?	Der Enkel ist... (petit).
— — die Enkelin?	Die Enkelin ist... (polie).

[6e LEÇON]

Die Handwerker. Les artisans.

Der Bäcker bäckt das Brot.
Le boulanger cuit le pain.

Der Fleischer verkauft das Fleisch.
Le boucher vend la viande.

Der Schneider macht unsere Kleider.
Le tailleur fait nos habits.

Der Schuster macht die Schuhe und Stiefel.
Le cordonnier fait les souliers et les bottes.

Der Schmied schmiedet das Eisen.
Le forgeron forge le fer.

Der Maurer baut die Häuser.
Le maçon construit les maisons.

SEPTIÈME LEÇON

(Copiez et étudiez cette page.)

Der Mensch. L'homme (*suite*).

der Jüngling (e), le jeune homme,	der Jüngling
das Fräulein (-), la demoiselle,	das Fräulein
der Knabe (n), le petit garçon,	der Knabe
das Mädchen (-), la petite fille,	das Mädchen
blind, aveugle,	blind
taub, sourd,	taub
stumm, muet,	stumm
todt, mort,	todt
schon, déjà,	schon
Franz, François.	Franz

17. **Je suis été.** — En allemand, le verbe **sein**, *être*, se sert d'auxiliaire à lui-même. On dit :

Ex.: Je *suis* été (et non j'ai été), ich **bin** gewesen.
J'*étais* été (et non j'avais été), ich **war** gewesen.

18. **Participe passé à la fin de la proposition.** — En allemand, le *participe passé* se rejette à la *fin* de la proposition.

Ex.: J'avais *été* malade (*tourn.* : j'*étais* malade *été*), ich war krank **gewesen.**

---

24. Version.

Copiez et traduisez; dites le genre des noms et le temps des verbes.

1. Der Jüngling war fröhlich. — **2.** Das Fräulein wurde wieder gesund. — **3.** Der Knabe war taub und stumm. — **4.** War der Greis schon todt? — **5.** Das Mädchen ist stolz.

25. Thème.

Traduisez; indiquez le temps des verbes.

1. Vous n'étiez pas contents. — **2.** Ne soyons pas imprudents. — **3.** Nous fûmes très malheureux. — **4.** Êtes-vous de nouveau bien portants? — **5.** Sois gentil. — **6.** Ils deviennent sourds et aveugles.

EXERCICE ORAL.

Wer war fröhlich?	Der Jüngling war, u.s.w.
Qui était joyeux?	Le jeune homme était, etc.

[7e LEÇON]

Verbe sein, être.

PASSÉ INDÉFINI.

ich bin (krank) gewesen,	j'ai été		(malade).
du bist — gewesen,	tu as été		—
er / sie / es } ist — gewesen,	il / elle / il } a été		—
wir sind — gewesen,	nous avons été		—
ihr seid — gewesen,	vous avez été		—
sie sind — gewesen,	ils *ou* elles ont été		—

---

26. Exercice.

Conjuguez sur le modèle ci-dessus.

Ich bin nicht böse gewesen, je n'ai pas été méchant.
Bin ich glücklich gewesen? ai-je été heureux?

27. Conversation.

Wie sind die Eltern?	Die Eltern sind reich.
Comment sont les parents?	Les parents sont riches.
Wie ist das Kind?	Das Kind ist... (encore petit).
— — sein Bruder?	Sein Bruder ist... (heureux).
— — meine Schwester?	Meine Schwester ist... (appliquée).
— — unser Schwager?	Unser Schwager ist... (malheureux).
— — ihre Schwägerin?	Ihre Schwägerin ist... (triste)
— — unser Onkel?	Unser Onkel ist... (content).
— — eure Tante?	Eure Tante ist... (fière).
— — ihr Neffe?	Ihr Neffe ist... (paresseux).
— — seine Nichte?	Seine Nichte ist... (jeune).

[7e LEÇON]

Die Handwerker. Les artisans (*suite*).

Der Zimmermann und der Schieferdecker machen das Dach.
Le charpentier et le couvreur font le toit.

Der Schreiner hobelt ein Brett.
Le menuisier rabote une planche.

Der Gärtner begießt die Pflanzen.
Le jardinier arrose les plantes.

Der Bauer pflügt den Acker.
Le paysan laboure le champ.

Der Schäfer hütet die Schafe.
Le berger garde les brebis.

Die Wäscherinnen waschen die Hemden.
Les blanchisseuses lavent les chemises.

HUITIÈME LEÇON

(Copiez et étudiez cette page.)

Die Thiere. Les animaux.

das Hausthier (e), l' animal domestique,	das Hausthier
das Pferd (e), le cheval,	das Pferd
der Esel (-), l' âne,	der Esel
der Ochs (sen), le bœuf,	der Ochs
fett, gras,	fett
mager, maigre,	mager
stark, fort,	stark
auch, aussi,	auch
heute, aujourd'hui,	heute
Franziska, Françoise.	Franziska

[8e LEÇON]

19. **Passé indéfini**. — Le passé indéfini du verbe **werden**, *devenir*, se forme de **ich bin**, **du bist**, etc., et du participe passé **geworden**, *devenu*.

Ex.: Je suis *devenu* malade (*tourn.*: je *suis* malade *devenu*), **ich bin krank geworden.**

---

28. Version.

Copiez et traduisez; dites le genre des noms et le temps des verbes.

1. Das Pferd ist ein Hausthier. — 2. Der Ochs ist groß und stark. — 3. Euer Esel ist mager. — 4. Ich bin traurig gewesen. — 5. Sie sind glücklich gewesen. — 6. Bist du heute artig, mein Kind? — 7. Ich war krank.

29. Thème.

Traduisez; indiquez le genre des noms et le temps des verbes.

1. Le bœuf est un animal domestique. — 2. Notre cheval est grand et fort. — 3. Le vieillard était déjà mort. — 4. L'homme n'est pas toujours heureux. — 5. Vous avez été imprudent. — 6. J'ai été fatigué. — 7. A-t-elle été contente? — 8. Nous avons été polis. — 9. Mon neveu et ma nièce ont été malades.

EXERCICE ORAL.

Was ist das Pferd?	Das Pferd ist, u. s. w.
Qu'est le cheval?	Le cheval est, etc.

[8e LEÇON]

Verbe werden, devenir.

PASSÉ INDÉFINI.

ich bin (artig) geworden,	je suis devenu	(gentil).
du bist — geworden,	tu es devenu	—
er ist — geworden,	il est devenu	—
wir sind — geworden,	nous sommes devenus	—
ihr seid — geworden,	vous êtes devenus	—
sie sind — geworden,	ils sont devenus	—

30. Exercice.

Conjuguez sur le modèle ci-dessus.

ich bin traurig geworden, je suis devenu triste.
bin ich fleißig geworden? suis-je devenu appliqué?

Conjuguez sur le modèle de la page 41 :

ich bin reich gewesen, j'ai été riche.
bin ich müde gewesen? ai-je été fatigué?

31. Conversation.

Wie ist ihr Vetter? Comment est leur cousin?	Ihr Vetter ist stark. Leur cousin est fort
— — seine Base?	Seine Base ist... (joyeuse).
— — der Greis?	Der Greis ist... (vieux).
— — der Mensch?	Der Mensch ist... (grand).
— — der Mann?	Der Mann ist... (content).
— — die Frau?	Die Frau ist... (fière).
— — der Jüngling?	Der Jüngling ist... (prudent).
— — das Fräulein?	Das Fräulein ist... (triste).
— — der Knabe?	Der Knabe ist... (jeune).
— — das Mädchen?	Das Mädchen ist... (polie).

[8e LEÇON]

Die Hausthiere. Les animaux domestiques.

Das Pferd zieht die Kutsche.
Le cheval traîne la voiture.

Der Esel ist langsam und träge.
L'âne est lent et paresseux.

Die Kuh leckt ihr Kalb.
La vache lèche son veau.

Die Ziege gibt Milch.
La chèvre donne du lait.

Das Schaf gibt uns Wolle.
La brebis donne à nous (la) laine.

Das Schwein gibt uns sein Fleisch.
Le porc donne à nous sa chair.

NEUVIÈME LEÇON

(Copiez et étudiez cette page.)

Die Thiere. Les animaux (*suite*).

die Kuh (″e), la vache,	die Kuh
das Kalb (″er), le veau,	das Kalb
das Schaf (e), la brebis,	das Schaf
das Lamm (″er), l' agneau,	das Lamm
schwach, faible,	schwach
sanft, doux,	sanft
nützlich, utile,	nützlich
oder, ou,	oder
oft, souvent,	oft
Anton. Antoine.	Anton

20. ***J'avais été* et *j'eus été*.** — La langue allemande n'a qu'un seul temps pour exprimer le *plus-que-parfait* et le *passé antérieur* de l'indicatif.

Ex.: J'*avais* été heureux ou j'*eus* été heureux (*tourn.* : j'*étais* heureux *été*).	ich **war** glücklich **gewesen.**
J'*étais* devenu ou *je fus devenu* pauvre (*tourn.* : j'*étais* pauvre *devenu*).	ich **war** arm **geworden.**

---

32. Version.

Copiez et traduisez; dites le genre des noms et le temps des verbes.

1. Der Ochs und die Kuh sind nützlich. — **2.** Euer Kalb war klein, aber es war sehr fett. — **3.** Das Schaf und das Lamm sind sanft. — **4.** Der Mensch wird oft blind oder taub. — **5.** Seine Nichte ist unklug gewesen.

33. Thème.

Traduisez; indiquez le genre des noms et le temps des verbes.

1. Notre agneau est petit et faible. — **2.** La brebis est très douce. — **3.** Le bœuf est grand et fort. — **4.** Mon neveu et ma nièce ont été imprudents. — **5.** A-t-elle été sage et appliquée? — **6.** Ils ont été méchants et paresseux. — **7.** Nous sommes souvent tristes. — **8.** Ce vieillard est devenu aveugle.

EXERCICE ORAL.

Wer ist nützlich?	Der Ochs und die Kuh, u.s.w.
Qui est utile?	Le bœuf et la vache, etc.

[9e LEÇON]

Verbe sein, être.

PLUS-QUE-PARFAIT.

ich war (müde) gewesen,	j'avais *ou* j'eus été		(fatigué).
du warst — gewesen,	tu avais *ou* tu eus été		—
er war — gewesen,	il avait *ou* il eut été		—
wir waren — gewesen,	n. avions *ou* n. eûmes été		—
ihr waret — gewesen,	vous aviez *ou* v. eûtes été		—
sie waren — gewesen,	ils avaient *ou* eurent été		—

34. Exercice.

Conjuguez sur le modèle ci-dessus :

ich war traurig gewesen, j'avais été triste.
war ich böse gewesen? avais-je été méchant?

Conjuguez sur le modèle de la page 41 :

ich bin nicht stolz gewesen, je n'ai pas été fier.
bin ich glücklich gewesen? ai-je été heureux?

35. Conversation.

Nennen Sie mir männliche Hauptwörter?
Nommez- moi (des) masculins noms?

Männliche Hauptwörter sind:
(Des) masculins noms sont :

der Großvater,	der Onkel,	der Mann,
der Vater,	der Neffe,	der Greis,
der Sohn,	der Enkel,	der Jüngling,
der Bruder,	der Vetter,	der Knabe.
der Schwager,	der Mensch,	

[9e LEÇON]

Die Thiere. Les animaux.

Die Hunde sind treu und wachsam.
Les chiens sont fidèles et vigilants.

Die Katze ist falsch.
Le chat est faux.

Das Kameel ist nicht schön, aber es ist sehr nützlich.
Le chameau (n')est pas beau, mais il est très utile.

Der Löwe und der Tiger sind groß und stark.
Le lion et le tigre sont grands et forts.

Die Elephanten leben in Asien und in Afrika.
Les éléphants vivent en Asie et en Afrique.

DIXIÈME LEÇON

(Copiez et étudiez cette page.)

Die Thiere. Les animaux (*suite*).

die Ziege (n), la chèvre,	die Ziege
das Schwein (e), le porc,	das Schwein
der Hund (e), le chien,	der Hund
die Katze (n), le chat,	die Katze
wachsam, vigilant,	wachsam
treu, fidèle,	treu
falsch, faux,	falsch
selten, rarement,	selten
denn, car,	denn
Antonie, Antoinette.	Antonie

[10e LEÇON]

21. Dieser, jener, jeder, welcher. — Les principaux adjectifs *déterminatifs* sont :

MASCULIN		FÉMININ		NEUTRE	
dieser,	ce...,	**diese**,	cette,	**dieses**,	ce, cette.
jener,	ce... là,	**jene**,	cette... là,	**jenes**,	ce, cette... là.
jeder,	chaque,	**jede**,	chaque,	**jedes**,	chaque.
welcher?	quel?	**welche?**	quelle?	**welches?**	quel?

36. Version.

Copiez et traduisez; indiquez le genre des noms et le temps des verbes.

1. Unser Pferd war sehr stark gewesen. — **2.** Dieses Kalb und jenes Lamm waren klein. — **3.** Dieses Schwein ist fett gewesen. — **4.** Der Hund ist treu und wachsam. — **5.** Welches Thier ist nützlich? Die Kuh ist nützlich.

37. Thème.

Traduisez; indiquez le genre des noms et le temps des verbes.

1. Cet âne est trop faible. — **2.** Ce bœuf-là a été gras, mais il est devenu maigre. — **3.** Ce cheval est fort. — **4.** Cette brebis-là est faible et douce. — **5.** Cette vache-là est très utile. — **6.** Ce chat a été faux. — **7.** Ce chien a été vigilant et fidèle.

EXERCICE ORAL.

Wie war unser Pferd gewesen?	Unser Pferd, u. s. w.
Comment avait notre cheval été?	Notre cheval, etc.

[10e LEÇON]

Verbe **werden**, devenir.

PLUS-QUE-PARFAIT.

ich war (blind) geworden,	j'étais *ou* je fus devenu (aveugle).
du warst — geworden,	tu étais *ou* tu fus devenu —
er war — geworden,	il était *ou* il fut devenu —
wir waren — geworden,	n. étions *ou* n. fûmes devenus —
ihr waret — geworden,	v. étiez *ou* v. fûtes devenus —
sie waren — geworden,	ils étaient *ou* ils furent devenus —

---

38. Exercice.

Conjuguez sur le modèle ci-dessus.

ich war fröhlich geworden, j'étais devenu joyeux.
ich war nicht träge geworden, je n'étais pas devenu paresseux.

Conjuguez sur le modèle de la page 45 :

ich bin taub geworden, je suis devenu sourd.
bin ich glücklich geworden? suis-je devenu heureux ?

39. Conversation.

Nennen Sie mir weibliche Hauptwörter?
Nommez-moi (des) féminins noms ?

Weibliche Hauptwörter sind :
(Des) féminins noms sont :

die Mutter,	die Schwester,	die Nichte,
die Großmutter,	die Enkelin,	die Schwägerin,
die Tochter,	die Tante,	die Base.

[10e LEÇON]

Die wilden Thiere. Les animaux sauvages.

Der Bär ist plump und dumm.
L'ours est lourd et sot.

Der Panther lebt in Afrika.
La panthère vit en Afrique.

Die Wölfe greifen ein Rennthier an.
Les loups attaquent un renne.

Das Nashorn hat ein Horn auf der Nase.
Le rhinocéros a une corne sur le nez.

Das Wildschwein lebt in den Wäldern Europas.
Le sanglier vit dans les forêts de l'Europe.

Die Affen leben in Asien, Afrika und Amerika.
Les singes vivent en Asie, (en) Afrique et (en) Amérique.

ONZIÈME LEÇON

Die wilden Thiere. Les animaux sauvages.

der Löwe (n),	le lion.	muthig,	courageux.
der Tiger (-),	le tigre.	grausam,	cruel.
der Bär (en),	l'ours.	dumm,	sot, stupide.
der Wolf ("e),	le loup.	plump,	lourd.
der Fuchs ("e),	le renard.	jetzt,	maintenant.
das Wildschwein (e),	le sanglier.	gestern,	hier.

---

40. Exercice.

Traduisez :

un père,	ton père,	leur neveu,
une mère,	sa sœur,	la nièce,
un enfant,	son beau-frère,	le vieillard,
ce grand-père,	ma belle-sœur,	cet homme,
cette grand'mère,	notre cousin,	une femme,
mon oncle,	votre cousine,	cette (jeune) fille.

41. Version.

Copiez et traduisez ; dites le genre des noms et le temps des verbes.

1. Dieser Löwe ist sehr muthig gewesen. — 2. Der Wolf war alt geworden. — 3. Der Tiger ist grausam. — 4. Der Bär ist plump. — 5. Jenes Wildschwein ist sehr fett gewesen. — 6. Der Fuchs ist klein, aber stark.

EXERCICE ORAL.

Wer ist muthig gewesen? Der Löwe, u. s. w.
Qui a courageux été? Le lion, etc.

[11ᵉ LEÇON]

22. Futur. — Le *futur* des verbes allemands se forme de **ich werde, du wirst**, etc., (page 21) et de l'*infinitif* du verbe que l'on conjugue.

Ex. : Je *serai* malheureux (*tourn.* : je *vais*[1] malheureux *être*),	ich **werde** unglücklich **sein.**
Il *deviendra* très appliqué (*tourn.* : il *va* très appliqué *devenir*),	er **wird** sehr fleißig **werden.**

REMARQUE. — On voit par les exemples ci-dessus que l'infinitif se rejette toujours à la *fin* de la proposition.

---

42. Exercice.

Mettez l'article convenable et traduisez :

...Vater,	...Großmutter,	...Enkelin,
...Mutter,	...Mensch,	...Großvater,
...Tochter,	...Frau,	...Tante,
...Mädchen,	...Fräulein,	...Greis.

43. Thème.

Traduisez ; indiquez le genre des noms et le temps des verbes.

1. Ce garçon a été très imprudent. — **2.** Ce vieillard-là était devenu aveugle et sourd. — **3.** L'enfant était déjà mort. — **4.** La demoiselle était devenue très joyeuse. — **5.** Louis n'est pas fatigué, il est paresseux. — **6.** Nous avons été sages aujourd'hui. — **7.** Est-elle devenue heureuse ? — **8.** Vous aviez été triste et malheureux. — **9.** Soyez toujours polis.

---

1. En allemand, le futur est un véritable temps composé, qui correspond aux expressions françaises je *vais* partir, je *vais* écrire, pour je partirai, j'écrirai.

[11e LEÇON]

Verbe sein, être.

FUTUR.

ich werde (glücklich)	sein,	je serai	(heureux).
du wirst	—	sein,	tu seras	—
er wird	—	sein,	il sera	—
wir werden	—	sein,	nous serons	—
ihr werdet	—	sein,	vous serez	—
sie werden	—	sein,	ils seront	—

44. Exercice.

Conjuguez sur le modèle ci-dessus et sur les modèles déjà appris.

ich werde zufrieden sein,	je serai content.
ich bin fleißig,	je suis appliqué (p. 17).
war ich krank?	étais-je malade? (p. 25).
sei nicht traurig,	ne sois pas triste (p. 33).
ich bin nicht klug gewesen,	je n'ai pas été prudent (p. 41).
war ich nicht glücklich gewesen?	n'avais-je pas été heureux? (p. 49).

45. Conversation.

Nennen Sie mir die Hausthiere? Nommez-moi les animaux domestiques?	Die Hausthiere sind: Les animaux domestiques sont: das Pferd, der Esel, u. s. w. le cheval, l'âne, etc.
Wie ist das Pferd? Comment est le cheval?	Das Pferd ist... Le cheval est grand et fort.
— — der Esel?	Der Esel ist... (paresseux).
— — der Ochs?	Der Ochs ist... (gras).
— — die Kuh?	Die Kuh ist... (utile).
— — die Ziege?	Die Ziege ist... (maigre).
— — das Schaf?	Das Schaf ist... (douce). u. s. w.

[11ᵉ LEÇON]

Die wilden Thiere. Les animaux sauvages (*suite*).

Der Hirsch lebt in den Wäldern.
Le cerf vit dans les bois.

Die Giraffe hat einen langen Hals.
La girafe a un long cou.

Der Hase hat lange Ohren.
Le lièvre a (de) longues oreilles.

Das Kaninchen lebt in Höhlen.
Le lapin vit dans (les) terriers.

Die Ratte ist ein schädliches Thier.
Le rat est un nuisible animal.

Die Fledermaus verbirgt sich des Tages.
La chauve-souris cache soi le jour.

DOUZIÈME LEÇON

Die wilden Thiere. Les animaux sauvages (*suite*).

der Hirsch (e),	le cerf.	schlau,	rusé.
das Reh (e),	le chevreuil.	flink,	leste, agile.
der Affe (n),	le singe.	feige,	poltron.
der Hase (n),	le lièvre.	schädlich,	nuisible.
die Ratte (n),	le rat.	ganz,	tout à fait.
die Maus ("e),	la souris.	nicht mehr,	ne... plus.

46. Exercice.

Mettez l'article convenable devant les noms et traduisez-les.

les gens, les parents, un homme,
ce vieillard, une demoiselle, cette jeune fille,
l'animal, votre cheval, notre bœuf,
la vache, ce veau, leur brebis,
mon agneau, la chèvre, ton porc,
notre chien, leur chat, un lion.

47. Version.

Copiez et traduisez; dites le genre des noms et le temps des verbes.

1. Der Hirsch und das Reh sind flink. — **2.** Der Fuchs ist sehr schlau. — **3.** Der Löwe und der Tiger waren muthig gewesen. — **4.** Der Wolf wird feige sein. — **5.** Das Wildschwein war fett. — **6.** Die Ratte und die Maus sind schädlich.

EXERCICE ORAL.

Wie ist der Hirsch? Der Hirsch ist, u. s. w.
Comment est le cerf? Le cerf est, etc.

[12e LEÇON]

23. ***Leur fils*, au lieu de *votre fils*:** — En allemand, on emploie, par politesse, l'adjectif possessif **Ihr**, *leur* (3e personne), au lieu de **euer**, votre (2e personne).

Ex.: Avez-vous *vos* livres? (*tourn.*: ont-*Ils leurs* livres?), **haben Sie Ihre** Bücher?

Dans ce cas **Ihr** prend une majuscule.

24. **Nominatif : sujet.** — En allemand, le *sujet* s'appelle *nominatif*.

25. **Accusatif : compl. direct.** — Le *complément direct* s'appelle *accusatif*.

---

48. Exercice.

Mettez l'article qui convient devant les noms et traduisez-les.

...Familie, ...Bruder, ...Enkel,
...Kind, ...Nichte, ...Schwägerin,
...Sohn, ...Onkel, ...Vetter,
...Schwester, ...Neffe, ...Base.

49. Thème.

Traduisez en indiquant le temps du verbe.

1. Je serai toujours poli. — **2.** Elle ne sera plus méchante. — **3.** Nous serons très contents. — **4.** Ils avaient été sages et appliqués. — **5.** Mon neveu et ma nièce ne seront plus paresseux. — **6.** Cet homme est de nouveau devenu bien portant. — **7.** Ce jeune homme et cette demoiselle ont été trop fiers.

[12e LEÇON]

Verbe **werden**, devenir.

FUTUR.

ich werde (klug) werden,	je deviendrai	(prudent).
du wirst — werden,	tu deviendras	—
er wird — werden,	il deviendra	—
wir werden — werden,	nous deviendrons	—
ihr werdet — werden,	vous deviendrez	—
sie werden — werden,	ils deviendront	—

REMARQUE. — On voit que le futur de **werden** se compose de son *indicatif présent* et de son *propre infinitif*.

---

50. Exercice.

Conjuguez sur le modèle ci-dessus :

ich werde groß werden, je deviendrai grand.

Conjuguez sur les modèles déjà appris.

ich werde glücklich,	je deviens heureux (p. 21).
wurde ich fröhlich?	devins-je joyeux ? (p. 29).
werde nicht unklug,	ne deviens pas imprudent (p. 37).
ich bin blind geworden,	je suis devenu aveugle (p. 45).
war ich müde geworden?	étais-je devenu fatigué? (p. 53).

51. Conversation.

Wie ist der Löwe? Comment est le lion?	Der Löwe ist muthig. Le lion est courageux.
— — der Tiger?	Der Tiger ist... (cruel).
— — der Bär?	Der Bär ist... (lourd).
— — der Wolf?	Der Wolf ist... (fort).
— — der Fuchs?	Der Fuchs ist... (rusé).
— — der Affe?	Der Affe ist... (leste).
— — der Hirsch?	Der Hirsch ist... (grand).
— — der Hase?	Der Hase ist... (poltron).

[12e LEÇON]

Das Geflügel. La volaille.

Der Hahn ist wachsam und stolz.
Le coq est vigilant et fier.

Die Henne legt Eier.
La poule pond des œufs.

Der Pfau hat ein schönes Gefieder.
Le paon a un beau plumage.

Der Truthahn gibt uns gute Braten.
Le dindon donne à nous (de) bons rôtis.

Die Ente schwimmt auf dem Wasser.
Le canard nage sur l'eau.

Der Schwan ist weiß wie Schnee.
Le cygne est blanc comme (la) neige.

TREIZIÈME LEÇON

Das Haus. La maison.

die Mauer (n),	le mur.	hoch,	haut.
das Dach ("er),	le toit.	niedrig,	bas.
das Zimmer (-),	la chambre.	hell,	clair.
die Küche (n),	la cuisine.	dunkel,	sombre.
der Keller (-),	la cave.	Benedict,	Benoît.
die Treppe (n),	l'escalier.	Cäcilia,	Cécile.

---

52. Exercice.

Mettez l'article convenable devant les noms suivants et donnez-en la signification.

...Hausthier,	...Pferd,	...Eſel,
...Kuh,	...Ochs,	...Kalb,
...Schaf,	...Lamm,	...Ziege,
...Schwein,	...Hund,	...Katze.

53. Version.

1. Unſer Haus iſt groß. — **2.** Mein Zimmer war hell. — **3.** Dieſe Mauer iſt hoch. — **4.** Das Dach war zu niedrig. — **5.** Unſere Küche war zu klein geweſen. — **6.** Eure Treppe wird ſehr hell ſein. — **7.** Ihr Keller iſt dunkel geweſen.

EXERCICE ORAL.

Wie iſt unſer Haus? Unſer Haus iſt, u. ſ. w.
Comment est notre maison? Notre maison est, etc.

[12e LEÇON]

26. **Accusatif semblable au nominatif.** — La plupart des noms allemands ont l'*accusatif* (compl. direct) semblable au nominatif (sujet).

Ex.: *Nom.* (sujet). Le *père* est bon, **der Vater ist gut.**
Accus. (compl. dir). Je blâme son *père*, **ich tadle seinen Vater.**

27. **Accusatif en.** — L'article **der**, les adjectifs déterminatifs **dieser**, ce, cet; **jener**, ce, cet... là; **jeder**, chaque; **welcher?** quel? (page 52) prennent à l'accusatif masculin la terminaison **en**, au lieu de **er**.

Ex.: *Acc.* (compl. dir.): **den, diesen, jenen,** etc.

28. Ces mêmes adjectifs ont l'accusatif *féminin* et *neutre* semblable au nominatif.

Ex.: *Nom. et acc. fém.* : **die, diese, jene, jede,** etc.
Nom. et acc. neut. : **das, dieses, jenes, jedes,** etc.

---

54. Exercice.

Traduisez les noms suivants en les mettant à l'accusatif (complément direct).

le frère,	la mère,	l'enfant,
cette grand'mère,	le père,	cette jeune fille,
cet oncle-là,	cette sœur-là,	cette cousine-là,
quel cousin,	chaque demoiselle,	chaque vieillard.

Verbe **haben**, avoir.

INDICATIF PRÉSENT.		IMPARFAIT.	
ich habe (Geld),	j'ai (de l'argent).	ich hatte (Geld),	j'avais *ou* j'eus (de l'argent).
du hast —	tu as	du hattest —	tu avais *ou* tu eus
er hat —	il a	er hatte —	il avait *ou* il eut
wir haben —	n. avons	wir hatten —	n. avions *ou* n. eûmes
ihr habt —	v. avez	ihr hattet —	v. aviez *ou* v. eûtes
sie haben —	ils ont	sie hatten —	ils avaient *ou* eurent

---

55. Exercice.

Conjuguez sur les modèles ci-dessus.

habe ich einen Bruder? ai-je un frère?
ich hatte ein Schaf, j'avais une brebis.
hatte ich ein Lamm? avais-je une brebis?

56. Conversation.

Welche Namen der Thiere sind männlichen
Quels noms d'animaux sont (du) masculin
Geschlechtes? — Männlichen Geschlechtes sind:
genre? — (Du) masculin genre sont:

der Ochs, der Löwe, der Hirsch,
der Esel, der Tiger, der Fuchs,
der Hund, der Bär, der Hase.

Welche Namen der Thiere sind sächlichen
Quels noms d'animaux sont (du) neutre
Geschlechtes? — Sächlichen Geschlechtes sind:
genre? — (Du) neutre genre sont:

das Pferd, das Lamm, das Wildschwein,
das Kalb, das Schwein, das Reh, u. s. w.

[13ᵉ LEÇON]

Die Vögel. Les oiseaux.

Der Strauß lebt in Afrika.
L'autruche vit en Afrique.

Der Storch baut sein Nest.
La cigogne bâtit son nid.

Die Papageien sprechen.
Les perroquets parlent.

Das Nest der Grasmücke.
Le nid de la fauvette.

Die Schwalbe fliegt schnell.
L'hirondelle vole vite.

Das Rebhuhn läuft.
La perdrix court.

QUATORZIÈME LEÇON

Das Haus. La maison (*suite*).

das Fenster (-),	la fenêtre.	schmal,	étroit.
der Tisch (e),	la table.	breit,	large.
das Bett (en),	le lit.	einst,	un jour.
die Thür (en),	la porte.	lange,	longtemps.
der Stuhl (″e),	la chaise.	Ernst,	Ernest.
der Schrank (″e),	l'armoire.	Ernestine,	Ernestine.

57. Exercice.

Mettez les noms suivants à l'accusatif (complément direct), en les faisant précéder de l'article, et donnez-en la signification.

...Bruder,	...Schwägerin,	...Mann,
...Schwester,	...Vetter,	...Jüngling,
...Großvater,	...Nichte,	...Frau,
...Onkel,	...Schwager,	...Fräulein,
...Großmutter,	...Base,	...Enkelin.

58. Version.

Copiez et traduisez; dites pour chaque nom le cas auquel il est employé :

1. Dieser Mann hat ein Haus. — **2.** Mein Zimmer hat eine Thür und ein Fenster. — **3.** Wir hatten einen Tisch und einen Stuhl. — **4.** Mein Schrank ist breit, aber mein Bett ist schmal. — **5.** Ist dein Bruder schon lange krank?

EXERCICE ORAL.

Was hat dieser Mann? Dieser Mann hat, u.s.w.
Qu'a cet homme? Cet homme a, etc.

[14e LEÇON]

29. **Passé indéfini**. — Le *passé indéfini* de tous les verbes actifs se forme de **ich habe**, j'ai, **du hast**, tu as, etc., et du *participe passé* du verbe que l'on conjugue.

Ex.: *J'ai eu* de l'argent (*tourn.* : j'*ai* de l'argent *eu*), ich **habe** Geld **gehabt.**

30. **Plus-que-parfait**. — Le *plus-que-parfait* des verbes actifs se forme de **ich hatte**, j'avais, **du hattest**, tu avais, etc., et du *participe passé* du verbe que l'on conjugue.

Ex.: Tu *avais eu* des livres (*tourn.*: tu *avais* des livres *eu*), du **hattest** Bücher **gehabt.**

REMARQUE. — Le participe passé se rejette *à la fin* de la phrase conformément à la règle 18, page 40.

---

59. Thème.

Traduisez; indiquez le cas des noms et le temps des verbes.

1. Nous avons été très appliqués. — **2**. Ma cousine était rarement paresseuse. — **3**. Mon cousin avait été content. — **4**. Ce vieillard a une maison. — **5**. La maison a un toit. — **6**. Nous avions une table et une chaise. — **7**. Ma sœur avait une armoire. — **8**. Son lit sera trop étroit. — **9**. As-tu une chambre? — **10**. Vous aviez une cuisine et une cave. — **11**. Ernest a été longtemps malheureux. — **12**. Ils deviendront un jour riches.

[14e LEÇON]

Verbe haben, avoir.

PASSÉ INDÉFINI.		PLUS-QUE-PARFAIT.	
ich habe (Geld) gehabt,	j'ai eu (de l'argent).	ich hatte (Geld) gehabt,	j'avais ou j'eus eu (de l'argent).
du hast — gehabt,		du hattest — gehabt,	
er hat — gehabt,		er hatte — gehabt,	
wir haben — gehabt,		wir hatten — gehabt,	
ihr habt — gehabt,		ihr hattet — gehabt,	
sie haben — gehabt,		sie hatten — gehabt,	

---

60. Exercice.

Conjuguez sur les modèles ci-dessus.

ich habe ein Buch gehabt, j'ai eu un livre.
habe ich keine Feder gehabt? n'ai-je pas eu de plume?
ich hatte ein Pferd gehabt, j'avais eu un cheval.
hatte ich eine Ziege gehabt? avais-je eu une chèvre?

61. Conversation.

Wie ist das Haus?	Das Haus ist groß.
Comment est la maison?	La maison est grande.
— — die Mauer?	Die Mauer ist... (haut).
— — das Dach?	Das Dach ist... (bas).
— — das Zimmer?	Das Zimmer ist... (clair).
— — die Küche?	Die Küche ist... (étroite).
— — der Keller?	Der Keller ist... (obscur).
— — die Treppe?	Die Treppe ist... (large).
— — die Thür?	Die Thür ist... (haute).

[14e LEÇON]

Das Haus. La maison.

Das Haus hat ein Dach, eine Thür, Fenster und Läden.

La maison a un toit, une porte, (des) fenêtres et (des) volets.

In dem Hofe sind die Ställe und der Brunnen.

Dans la cour, sont (il y a) les écuries et le puits.

In dem Schlafzimmer sind ein Bett, ein Schrank und Gemälde.

Dans la chambre à coucher, sont (il y a) un lit, une armoire et (des) tableaux.

Das Kind liegt in der Wiege.

L'enfant est couché dans le berceau.

Bei dem Tische sind ein Armstuhl und ein Stuhl.

Près de la table sont (il y a) un fauteuil et une chaise.

Das Feuer brennt in dem Kamin.

Le feu brûle dans la cheminée.

QUINZIÈME LEÇON

Das Haus. La maison (*suite*).

der Spiegel (-),	la glace.	rund,	rond.
der Kamin (e),	la cheminée.	viereckig,	carré.
der Hof ("e),	la cour.	feucht,	humide.
die Uhr (en),	la montre.	trocken,	sec.
das Gemälde (-),	le tableau.	Andreas,	André.
der Garten ("-),	le jardin.	Anna,	Anne.

---

62. Exercice.

Mettez les noms suivants à l'accusatif (complément direct), en les faisant précéder de l'article, et donnez-en la signification.

...Thier,	...Kalb,	...Tiger,
...Pferd,	...Lamm,	...Wolf,
...Esel,	...Ziege,	...Fuchs,
...Kuh,	...Schwein,	...Hirsch.

63. Version.

Copiez et traduisez; dites le cas des noms et le temps des verbes.

1. Wir haben ein Haus und einen Garten. — 2. Meine Schwester hatte einen Spiegel. — 3. Der Kamin ist hoch. — 4. Dieses Gemälde ist viereckig. — 5. Unser Hof war groß aber feucht. — 6. Euer Haus hat einen Keller.

EXERCICE ORAL.

Was habt ihr? — Wir haben, u. s. w.
Qu'avez-vous? — Nous avons, etc.

31. **Accusatif en.** — L'article **ein**, un, les adjectifs possessifs **mein**, mon, **dein**, ton, **sein**, son, **unser**, notre, **euer**, votre, **ihr**, leur, prennent à l'accusatif masculin la terminaison **en.**

Ex.: J'aime *mon* père, ich liebe **meinen** Vater.

32. **Accusatif semblable au nominatif.** — Ces mêmes adjectifs ont l'accusatif *féminin* et *neutre* semblables au nominatif.

Nom. et accus. fém. : eine, meine, deine, seine, etc.
Nom. et accus. neut. : ein, mein, dein, sein, etc.

---

64. Exercice.

Traduisez les noms suivants en les mettant à l'accusatif (complément direct).

son âne,	votre vache,	ta brebis,
ton chien,	leur chèvre,	son agneau,
un tigre,	notre chat,	leur porc,
notre jardin,	ma pendule,	notre maison,
leur cave,	votre mur,	ta chambre.

65. Thème.

Traduisez; indiquez le cas des noms et le temps des verbes.

1. J'ai un père et une mère. — **2.** Nous avions un grand-père et une grand'mère, mais ils sont morts. — **3.** Avais-tu une montre? — **4.** Antoine a eu un agneau. — **5.** Ce jeune homme avait eu un chien. — **6.** J'avais un tableau. — **7.** Vous aviez eu un jardin. — **8.** Elles ont eu une chaise, une table et un lit.

[15e LEÇON]

Verbe haben, avoir.

FUTUR.		IMPÉRATIF.		
ich werde (Geld) haben,	j'aurai (de l'argent).			
du wirst — haben,		habe (Geld),	aie	(de l'argent).
er wird — haben,		habe er —	qu'il ait	
wir werden — haben,		haben wir —	ayons	
ihr werdet — haben,		habt —	ayez	
sie werden — haben,		haben sie —	qu'ils aient	

66. Exercice.

Conjuguez sur les modèles ci-dessus.

ich werde ein Zimmer haben, j'aurai une chambre.
habe Geduld, aie de la patience.

Conjuguez sur les modèles des pages 33 et 57.

sei nicht böse, ne sois pas méchant.
ich werde fröhlich sein, je serai joyeux.

67. Conversation.

Wie ist der Stuhl? Comment est la chaise ?	Der Stuhl ist niedrig. La chaise est basse.
— — das Bett?	Das Bett ist... (large).
— — der Schrank?	Der Schrank ist... (haut).
— — der Spiegel?	Der Spiegel ist... (carré).
— — die Uhr?	Die Uhr ist... (grande).
— — der Kamin?	Der Kamin ist... (large).
— — das Gemälde?	Das Gemälde ist... (carré).
— — der Hof?	Der Hof ist... (sèche), etc.

[15e LEÇON]

Das Haus. La maison (*suite*).

Die Uhr hat ein Zifferblatt und Zeiger.

La pendule a un cadran et (des) aiguilles.

Die Lampe erleuchtet uns des Nachts.

La lampe éclaire nous la nuit.

Die Speisen werden auf einer Schüssel aufgetragen.

Les mets sont sur un plat servis.

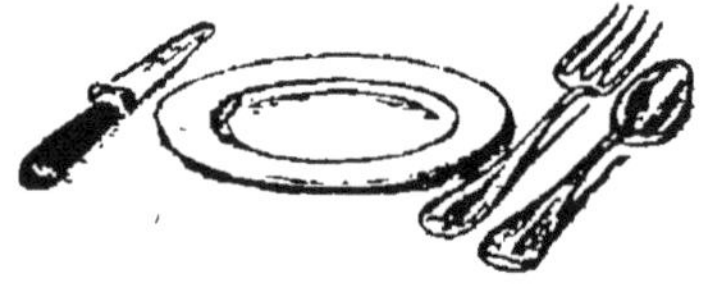

Neben dem Teller liegen ein Messer, eine Gabel und ein Löffel.

A côté de l'assiette (se) trouvent un couteau, une fourchette et une cuillère.

Auf dem Tische stehen eine Wasserflasche, eine Flasche Wein und zwei Gläser.

Sur la table (se) tiennent (il y a) une carafe, une bouteille de vin et deux verres.

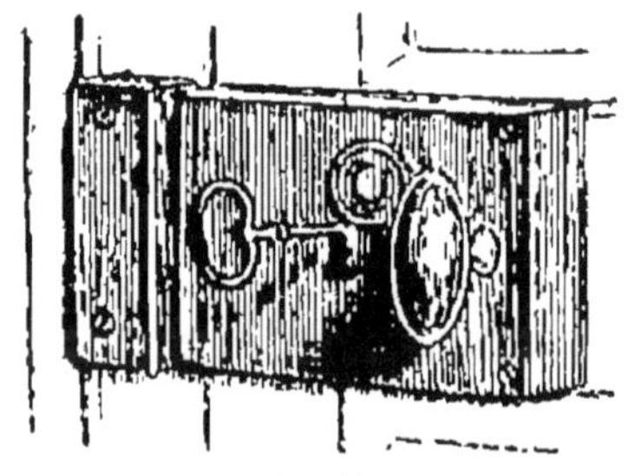

An der Thür ist ein Schloß mit seinem Schlüssel.

A la porte est (il y a) une serrure avec sa clef.

REVISION DES VOCABULAIRES.

La famille. Die Familie.

le père,	der Vater ("-).	la mère,	die Mutter ("-).
le fils,	der Sohn ("e).	la fille,	die Tochter ("-).
les parents,	die Eltern (*plur.*).	l'enfant,	das Kind (er).
le frère,	der Bruder (-").	la sœur,	die Schwester (n).
le grand-père,	der Großvater ("-).	la grand'mère,	die Großmutter ("er).
le petit-fils,	der Enkel (-).	la petite-fille,	die Enkelin (nen).
l'oncle,	der Onkel (-).	la tante,	die Tante (n).
le neveu,	der Neffe (n).	la nièce,	die Nichte (n).
le beau-frère,	der Schwager ("-).	la belle-sœur,	die Schwägerin (nen).
le cousin,	der Vetter (n).	la cousine,	die Base (n).

L'homme (espèce). Der Mensch.

les gens,	die Leute (*plur.*).	le vieillard,	der Greis (se).
l'homme,	der Mann ("er).	la femme,	die Frau (en).
le jeune homme,	der Jüngling (e).	la demoiselle,	das Fräulein (-).
le petit garçon,	der Knabe (n).	la petite fille,	das Mädchen (-).

Les animaux. Die Thiere.

l'animal domestique,	das Hausthier (e).	le cheval,	das Pferd (e).
		le bœuf,	der Ochs (sen).
l'âne,	der Esel (-).	le veau,	das Kalb ("er).
la vache,	die Kuh ("e).	l'agneau,	das Lamm ("er).
la brebis,	das Schaf (e).	le porc,	das Schwein (e).
la chèvre,	die Ziege (n).	le chat,	die Katze (n).
le chien,	der Hund (e).		

REVISION DES VOCABULAIRES (*suite*).

Les animaux sauvages. **Die wilden Thiere.**

le lion,	der Löwe (n).	le tigre,	der Tiger (-).
l'ours,	der Bär (en).	le loup,	der Wolf ("e).
le renard,	der Fuchs ("se).	le sanglier,	das Wildschwein (e).
le cerf,	der Hirsch (e).	le chevreuil,	das Reh (e).
le singe,	der Affe (n).	le lièvre,	der Hase (n).
le rat,	die Ratte (n).	la souris,	die Maus ("se).

La maison. **Das Haus.**

le mur,	die Mauer (n).	le toit.	das Dach ("er).
la chambre,	das Zimmer (-).	la cuisine,	die Küche (n).
la cave,	der Keller (-).	l'escalier,	die Treppe (n).
la fenêtre,	das Fenster (-).	la porte,	die Thür (en).
la table,	der Tisch (e).	la chaise,	der Stuhl ("e).
le lit,	das Bett (en).	l'armoire,	der Schrank ("e).
la glace,	der Spiegel (-).	la pendule,	die Uhr (en).
la cheminée,	der Kamin (e).	le tableau,	das Gemälde (-).
la cour,	der Hof ("e).	le jardin,	der Garten ("-).

Noms propres. **Eigennamen.**

Charles,	Karl.	Caroline,	Karoline.
Louis,	Ludwig.	Louise,	Luise.
Jean,	Johann.	Jeanne,	Johanna.
François,	Franz.	Françoise,	Franziska.
Antoine,	Anton.	Antoinette,	Antonie.
Benoît,	Benedict.	Cécile,	Cäcilia.
André,	Andreas.	Anne,	Anna.

REVISION DES VOCABULAIRES *(suite)*.

Adjectifs. **Beiwörter.**

jeune,	jung.	vieux,	alt.
grand,	groß.	petit,	klein.
riche,	reich.	pauvre,	arm.
bon,	gut.	méchant,	böse.
bien portant,	gesund.	malade,	krank.
fier,	stolz.	sage, gentil,	artig.
heureux,	glücklich.	malheureux,	unglücklich.
appliqué,	fleißig.	paresseux,	träge.
poli,	höflich.	content,	zufrieden.
joyeux,	fröhlich.	triste,	traurig.
prudent,	klug.	imprudent.	unklug.
fatigué,	müde.	aveugle,	blind.
sourd,	taub.	muet,	stumm.
mort,	todt.	doux,	sanft.
gras,	fett.	maigre,	mager.
faible,	schwach.	fort,	stark.
utile,	nützlich.	nuisible,	schädlich.
fidèle.	treu.	faux,	falsch.
vigilant,	wachsam.	courageux,	muthig.
sot, stupide,	dumm.	lourd,	plump.
cruel,	grausam.	rusé,	schlau.
leste, agile,	flink.	poltron, lâche,	feige.
haut,	hoch.	bas,	niedrig.
clair,	hell.	obscur,	dunkel.
étroit,	schmal.	large,	breit.
rond,	rund.	carré.	viereckig.
humide,	feucht.	sec,	trocken.

REVISION DES VOCABULAIRES (*suite*).

Autres mots. Andere Wörter.

et,	und.	mais,	aber.
très,	sehr.	trop,	zu.
toujours,	immer.	encore,	noch.
de nouveau,	wieder.	déjà,	schon.
aussi,	auch.	aujourd'hui,	heute.
ou,	oder.	souvent,	oft.
rarement,	selten.	car,	denn.
maintenant,	jetzt.	hier,	gestern.
tout à fait,	ganz.	ne plus,	nicht mehr.
un jour,	einst.	longtemps,	lange.

SEIZIÈME LEÇON

Das Gymnasium, die Schule.
Le Lycée, l'École.

der Lehrer (-),	le professeur.	gehorsam,	obéissant.
die Lehrerin (nen),	l'institutrice.	aufmerksam,	attentif.
der Schüler (-),	l'élève.	gelehrt,	savant.
die Schülerin (nen),	l'écolière.	streng,	sévère.
Gottfried,	Geoffroy.	lieben,	aimer.
Blanka,	Blanche.	arbeiten,	travailler.

68. Exercice.

Mettez les noms suivants à l'accusatif et donnez-en la signification :

die Mauer,	eure Treppe,	sein Bett,
dieses Dach,	mein Tisch,	euer Schrank,
unsere Küche,	dein Stuhl,	deine Uhr,
euer Keller,	ihr Spiegel,	dieser Garten.

69. Version.

Traduisez; dites le cas des noms et le temps des verbes.

1. Jener Knabe hat einen Hund gehabt. — 2. Welches Mädchen hatte ein Lamm? — 3. Der Lehrer hatte einen Schüler gehabt? — 4. Diese Schülerin wird sehr gehorsam sein. — 5. Die Lehrerin war streng gewesen.

EXERCICE ORAL.

Was hat jener Knabe gehabt? Jener Knabe hat, u.s.w.
Qu'a ce garçon-là eu? Ce garçon-là a, etc.

[16e LEÇON]

33. **Infinitif en.** — Tous les infinitifs allemands sont terminés en **en**.

34. **Indicatif présent.** — Tous les verbes *réguliers* allemands forment l'*indicatif présent* en ajoutant au radical les terminaisons suivantes :

SINGULIER		PLURIEL	
1re *pers.*	**e**,	1re *pers.*	**en**,
2e *pers.*	**(e)st**,	2e *pers.*	**(e)t**,
3e *pers.*	**(e)t**,	3e *pers.*	**en.**

35. **Génitif.** — En allemand, le complément *du nom* s'appelle *génitif*.

36. **Noms. Génitif s.** — Au *génitif*, les noms *masculins* et *neutres* prennent la terminaison **s**, ou par euphonie **es**.

37. De même, les *articles* (p. 64) et les adjectifs *déterminatifs* (p. 72) ont au génitif *masculin* et *neutre* la terminaison **es**.

Ex.: La fille de ce vieillard,	die Tochter dieses Greises.

---

70. Exercice.

Mettez au génitif (complément du nom).

du père,	de notre oncle,	de ce vieillard,
de l'enfant,	de ton fils,	de cet homme,
d'un frère,	de votre beau-frère,	de cette demoiselle,
d'un cousin,	de son grand-père,	de ce jeune homme.

[16e LEÇON]

Verbes **lieben**, aimer ; **arbeiten**, travailler.

INDICATIF PRÉSENT.

ich lieb**e**,	j'aime,	ich arbeit**e**,	je travaille,
du lieb**st**,	tu aimes,	du arbeit**est**,	tu travailles,
er lieb**t**,	il aime,	er arbeit**et**,	il travaille,
wir lieb**en**,	n. aimons,	wir arbeit**en**,	n. travaillons,
ihr lieb**t**,	v. aimez,	ihr arbeit**et**,	v. travaillez,
sie lieb**en**,	ils aiment.	sie arbeit**en**,	ils travaillent.

REMARQUE. — L'**e** de du arbeit**e**st, er arbeit**e**t, etc., se retrouve dans tous les verbes dont le radical est terminé par **d**, **t**, **th**, etc.

---

71. Exercice.

Conjuguez sur les modèles ci-dessus.

ich lache nicht,	je ne ris pas.
ich rede immer,	je parle toujours.

Conjuguez sur les modèles déjà donnés.

ich bin nicht falsch,	je ne suis pas faux (p. 17).
werde ich stark?	deviens-je fort ? (p. 21).
ich habe eine Schwester,	j'ai une sœur (p. 65).

72. Conversation.

Wer ist fröhlich? Qui est joyeux ?	Das Kind ist fröhlich. L'enfant est joyeux.
— — traurig?	Die Mutter ist... (triste).
— — glücklich?	Mein Schwager ist... (heureux).
— — unglücklich?	Meine Nichte ist... (malheureuse).
— — todt?	Seine Großmutter ist... (morte).
— — müde?	Dein Vetter ist... (fatigué).
— — unklug?	Dieser Mann ist... (imprudent)
— — taub?	Jener Greis ist... (sourd).

[16e LEÇON]

Die Schule. L'école.

Der Knabe geht in die Schule.
Le (petit) garçon va à l'école.

In dem Schulsaal sind Tische, Bänke, und ein Pult.
Dans la classe sont (il y a) (des) tables, (des) bancs et un pupitre.

Wir lesen in dem Buch.
Nous lisons dans le livre.

Wir schreiben auf unsere Hefte.
Nous écrivons dans nos cahiers.

Hier sind ein Tintenfaß, ein Federhalter, ein Lineal und ein Bleistift.
Ici sont (voici) un encrier, un porte-plume, une règle et un crayon.

Die Karte von Frankreich.
La carte de France.

DIX-SEPTIÈME LEÇON

Das Gymnasium, die Schule (*suite*).

der Schulsaal (säle),	la salle de classe.	neu,	neuf.
die Schultafel (n),	le tableau noir.	offen,	ouvert.
die Landkarte (n),	la carte.	lachen,	rire.
der Ofen ("-),	le poêle.	weinen,	pleurer.
Bernhard,	Bernard.	kaufen,	acheter.
Amalie.	Amélie.	verkaufen,	vendre.
hier { ist (sing.) / sind (plur.) }	voici.	da { ist (sing.) / sind (pl.) }	voilà.

73. Exercice.

Traduisez les noms suivants et mettez-les à l'accusatif (complément direct).

mon beau-frère, cette écolière, un enfant,
ce vieillard, une mère, cette jeune fille,
un jeune homme, votre cousine, cette demoiselle,
cet élève, leur institutrice, notre maison,
votre petit-fils, ta nièce, votre tableau.

74. Version.

Traduisez; indiquez le cas des noms et le temps des verbes.

1. Unser Schulsaal ist groß und hoch. — 2. Hier ist die Schultafel und da ist der Ofen. — 3. Ihre Lehrerin kauft eine Landkarte. — 4. Dieser Knabe lacht und jenes Mädchen weint. — 5. Gottfried verkauft einen Esel und kauft ein Pferd. — 6. Wir lieben unsere Eltern.

EXERCICE ORAL.

Wie ist der Schulsaal? Der Schulsaal, u. s. w.
Comment est la salle de classe? La salle de classe, etc.

38. **Imparfait en te.** — L'*imparfait* des verbes *réguliers* allemands se forme en ajoutant au radical les terminaisons suivantes :

SINGULIER		PLURIEL	
1re *pers.*	(e)**te**,	1re *pers.*	(e)**ten**,
2e *pers.*	(e)**test**,	2e *pers.*	(e)**tet**,
3e *pers.*	(e)**te**,	3e *pers.*	(e)**ten**.

39. **Noms féminins : génitif invariable.** — Les noms *féminins* restent invariables au *génitif.*

40. **Articles et adjectifs déterminatifs : génitif er.** — Quant aux *articles* (p. 64) et aux adjectifs *déterminatifs* (p. 72), ils ont au génitif *féminin* la terminaison **er**.

Ex. : L'enfant *de cette mère*, das Kind dies**er** Mutter.
L'agneau *de ma sœur*, das Lamm mein**er** Schwester.

---

75. Exercice.

Traduisez les noms suivants en les mettant au cas indiqué.

NOMINATIF (sujet).	GÉNITIF (compl. du nom).	ACCUSATIF (compl. dir.).
ce cheval,	de cet âne,	la vache,
ce bœuf,	de votre chèvre,	la brebis,
cet agneau,	de ce veau,	votre âne,
notre porc,	de notre chat,	ton chien,
un lion,	de ce tigre-là,	ce loup,
l'ours,	d'un sanglier,	un renard,
un singe,	de ce chevreuil,	un cerf,
le lièvre,	d'un rat,	une souris.

[17e LEÇON]

Verbes lieben, aimer ; **arbeiten**, travailler.

IMPARFAIT.

ich lieb**te**,	j'aimais *ou* j'aimai, etc.	ich arbeit**ete**,	je travaillais *ou* je travaillai, etc.
du lieb**test**,	tu aimais,	du arbeit**etest**,	tu travaillais,
er lieb**te**,	il aimait,	er arbeit**ete**,	il travaillait,
wir lieb**ten**,	n. aimions,	wir arbeit**eten**,	n. travaillions,
ihr lieb**tet**,	v. aimiez,	ihr arbeit**etet**,	v. travailliez,
sie lieb**ten**,	ils aimaient.	sie arbeit**eten**,	ils travaillaient.

REMARQUE. — Les verbes dont le radical est terminé par **d, t, th, thm**, etc., prennent à l'imparfait, par euphonie, la terminaison **ete**.

---

76. Exercice.

Conjuguez sur les modèles page 81 et le modèle ci-dessus.

weine ich nie?	ne pleuré-je jamais?
ich achte deinen Vater,	j'estime ton père.
verkaufte ich mein Pferd?	vendis-je mon cheval?
ich verachtete diesen Mann,	je méprisais cet homme.

77. Conversation.

Wo ist der Vater? Où est le père?	Der Vater ist zu Hause. Le père est à la maison.
— — die Mutter?	Die Mutter ist in (dans) der Küche.
— — der Jüngling?	Der Jüngling ist in seinem Zimmer.
— — das Fräulein?	Das Fräulein ist in der Kirche (l'église).
— — der Lehrer?	Der Lehrer ist in dem Gymnasium.
— — die Lehrerin?	Die Lehrerin ist in der Schule.

[17e LEÇON]

Die Schule. L'école (*suite*).

Der Lehrer fragt Emil.
Le professeur interroge Émile.

Die Lehrerin erklärt die Lection.
L'institutrice explique la leçon

Paul will die Lection aufsagen.
Paul veut la leçon réciter.

Der Lehrer schreibt auf die Schultafel.
Le professeur écrit au tableau (noir).

Der Lehrer lehrt das Kind schreiben.
Le maître apprend (à) l'enfant à écrire.

Karl lehrt sein Brüderchen lesen.
Charles apprend (à) son petit frère (à) lire.

DIX-HUITIÈME LEÇON

Das Gymnasium, die Schule (*suite*).

das Pult (e),	le pupitre.	dick,	épais.
die Bank ("e),	le banc.	dünn,	mince.
das Buch ("er),	le livre.	loben,	louer.
das Heft (e),	le cahier.	tadeln,	blâmer.
das Tintenfaß ("sser),	l'encrier.	Jakob,	Jacques.
die Tinte,	l'encre.	Adelheid,	Adélaïde.

---

78. Exercice.

Traduisez les noms suivants en les mettant au cas indiqué.

NOMINATIF (sujet).	GÉNITIF (compl. du nom).	ACCUSATIF (compl. dir.).
cette maison,	de ta fenêtre,	votre cour,
notre toit,	de ma chaise,	leur cheminée,
ma chambre,	de votre lit,	notre jardin,
votre cuisine,	de leur armoire,	son pupitre,
leur escalier,	de sa glace,	leur poêle.

79. Version.

Traduisez; indiquez le cas des noms et le temps des verbes.

1. Da ist mein Pult. — **2.** Das Buch meiner Schwester ist sehr dick. — **3.** Das Heft dieses Schülers ist dünn. — **4.** Jakob, hast du dein Tintenfaß? — **5.** Hier ist mein Tintenfaß. — **6.** Der Lehrer lobte meinen Bruder, aber er tadelte meinen Vetter. — **7.** Dieser Knabe lachte.

EXERCICE ORAL.

Wo ist mein Pult?	Hier ist, u. s. w.
Où est mon pupitre?	Voici, etc.

[18ᵉ LEÇON]

41. Participe passé ge........t. — On forme le *participe passé* des verbes réguliers en plaçant : 1° la syllabe **ge** *devant* le radical ; 2° la lettre **t**, ou par euphonie **et**, *après* le radical.

Ex.: Aimer lieb en; part. passé, *aimé* **geliebt.**
Travailler arbeit en; part. passé, *travaillé* **gearbeitet.**

42. Rejet du participe passé. — Le *participe passé* allemand se rejette toujours *à la fin* de la proposition.

Ex.: J'ai acheté un agneau (*tourn.: j'ai* un agneau *acheté*), ich habe ein Lamm **gekauft.**

---

80. Exercice.

Mettez les adjectifs et les noms aux cas indiqués et traduisez.

GÉNITIF (compl. du nom).	ACCUSATIF (compl. direct).
mein Pferd,	dieser Schulsaal,
deine Kuh,	mein Spiegel,
seine Ziege,	sein Pult,
unser Haus,	eure Schultafel,
euer Bett,	unser Ofen.

81. Thème.

Traduisez ; indiquez le cas des noms et le temps des verbes.

1. Le mur de notre jardin était haut. — **2.** La chambre de ma sœur avait été trop sombre. — **3.** La fenêtre de la cuisine sera très petite. — **4.** Le lit et l'armoire de ma sœur sont larges. — **5.** La cour et le jardin de notre maison seront très grands. — **6.** Quelle écolière rit toujours? Adelaïde rit toujours.

Verbes **lieben**, aimer; **arbeiten**, travailler.

PASSÉ INDÉFINI.

ich habe (das Kind) **geliebt**,	ich habe (gut) **gearbeitet**,	
du hast — **geliebt**,	du hast — **gearbeitet**,	
er hat — **geliebt**,	er hat — **gearbeitet**,	
wir haben — **geliebt**,	wir haben — **gearbeitet**,	
ihr habt — **geliebt**,	ihr habt — **gearbeitet**,	
sie haben — **geliebt**,	sie haben — **gearbeitet**,	
j'ai (l'enfant) aimé.	j'ai (bien) travaillé.	

82. Exercice.

Conjuguez sur les modèles déjà vus.

ich kaufe ein Buch, j'achète un livre (p. 81).
ich verkaufte das Pferd, je vendis le cheval (p. 85).
arbeitete ich immer? travaillais-je toujours? (p. 85).

Conjuguez sur le modèle ci-dessus :

ich habe nicht gelacht, je n'ai pas ri.
habe ich den Schüler gelobt? ai-je loué l'élève?

83. Conversation.

Was ist hoch?	Das Haus ist hoch.
Quoi (qu'est-ce qui) est haut?	La maison est haute.
— — niedrig?	Das Dach ist... (bas).
— — hell?	Mein Zimmer ist... (clair).
— — dunkel?	Der Keller ist... (sombre).
— — schmal?	Dein Bett ist... (étroit).
— — breit?	Der Schrank ist... (large).
— — viereckig?	Der Tisch ist... (carré).
— — rund?	Der Spiegel ist... (rond).
— — feucht?	Der Hof ist... (humide).
— — trocken?	Der Garten ist... (sec).

[18e LEÇON]

Die Schule. L'école (*suite*).

Anton kann seine Lection nicht.
Antoine (ne) sait sa leçon pas.

Der Lehrer tadelt den Schüler.
Le professeur blâme l'élève.

Ludwig zeichnet.
Louis dessine.

Edmund erklärt seinem Bruder die Aufgabe.
Edmond explique à son frère le devoir.

Ernst spielt anstatt zu arbeiten.
Ernest joue au lieu de travailler.

Der böse Heinrich muß in der Ecke stehen.
Le méchant Henri est obligé (de) dans le coin se mettre.

DIX-NEUVIÈME LEÇON

Das Gymnasium, die Schule (*suite*).

das Papier (e),	le papier.	roth,	rouge.
die Feder (n),	la plume.	blau,	bleu.
der Bleistift (e),	le crayon.	fragen,	interroger.
das Lineal (e),	la règle.	antworten,	répondre.
schwarz,	noir.	lesen,	lire.
weiß,	blanc.	schreiben,	écrire.

84. Exercice.

Traduisez les noms suivants en les mettant au cas indiqué.

NOMINATIF (sujet).	GÉNITIF (compl. du nom).	ACCUSATIF (compl. dir).
le bœuf,	de la vache,	l'âne,
le cheval,	de la brebis,	le chien,
le porc,	du chat,	l'agneau,
le lion,	du tigre,	le loup,
l'ours,	du renard,	le cerf,
le chevreuil,	du sanglier,	le rat.

85. Version.

Traduisez, indiquez le cas des noms et le temps des verbes.

1. Dieses Papier ist zu dünn. — 2. Die Tinte meines Bruders war nicht schwarz. — 3. Meine Schwester kaufte gestern einen Bleistift. — 4. Dieses Mädchen hat ein Heft gekauft. — 5. Der Lehrer fragte diesen Schüler.

EXERCICE ORAL.

Wie ist dieses Papier? Dieses Papier, u. s. w.
Comment est ce papier? Ce papier, etc.

[19e LEÇON]

43. **J'avais** *ou* **j'eus aimé**. — Le *plus-que-parfait* des verbes actifs allemands se forme de **ich hatte**, j'avais; **du hattest**, tu avais, etc., et du *participe passé* du verbe que l'on conjugue.

Ex.: *J'avais aimé* le jeu (*tourn.: j'avais* le jeu *aimé*), **ich hatte das Spiel geliebt.**

---

86. Thème.

Traduisez; indiquez le cas des noms et le temps des verbes.

1. Ma nièce a acheté hier une règle et un crayon. — 2. Cet enfant a longtemps pleuré. — 3. As-tu ri, Bernard? — 4. Ce professeur est très savant. — 5. Voici mon encrier, et voilà le crayon et la règle de ma sœur. — 6. Le livre et le cahier de mon cousin sont encore neufs. — 7. Ce papier n'est pas blanc.

87. Version.

Traduisez; indiquez le cas des noms et le temps des verbes.

1. Das Pult unseres Lehrers ist sehr groß. — 2. Diese Schultafel ist viereckig. — 3. Die Landkarte eures Schulsaals ist noch ganz neu. — 4. Hast du ein Buch gekauft? — 5. Die Lehrerin hat dieses Mädchen getadelt.

EXERCICE ORAL.

Wie ist das Pult? Das Pult, u. s. w.
Comment est le pupitre? Le pupitre, etc.

Verbes **lieben**, aimer; **arbeiten**, travailler.

PLUS-QUE-PARFAIT.

ich hatte (das Kind) geliebt,	j'avais *ou* j'eus aimé (l'enfant).	ich hatte (gut) gearbeitet,
du hattest — geliebt,		du hattest — gearbeitet,
er hatte — geliebt,		er hatte — gearbeitet,
wir hatten — geliebt,		wir hatten — gearbeitet,
ihr hattet — geliebt,		ihr hattet — gearbeitet,
sie hatten — geliebt,		sie hatten — gearbeitet,

j'avais *ou* j'eus (bien) travaillé.

88. Exercice.

Conjuguez sur les modèles déjà vus.

ich lobe diesen Schüler,	je loue cet élève (p. 81).
kaufte ich einen Bleistift?	achetai-je un crayon? (p. 85).
ich habe dieses Kind getadelt,	j'ai blâmé cet enfant (p. 89).

Conjuguez sur le modèle ci-dessus:

ich hatte diesen Mann gefragt,	j'avais interrogé cet homme.
ich hatte dieser Frau geantwortet,	j'avais répondu à cette femme.

89. Conversation.

Was ist weiß?	Der Schulsaal ist weiß.
Qui est-ce qui est blanc?	La salle de classe est blanche.
— — schwarz?	Die Schultafel ist... (noir).
— — viereckig?	Der Tisch ist... (carré).
— — rund?	Der Ofen ist... (rond).
— — hoch?	Das Pult ist... (haut).
— — lang?	Die Bank ist... (long).
— — dick?	Die Mauer ist... (épais).
— — dünn?	Das Papier ist... (mince).
— — roth?	Der Bleistift ist... (rouge).
— — blau?	Die Tinte ist... (bleue).

[19e LEÇON]

Die Kinder. Les enfants.

Dietrich geht mit seiner Schwester spazieren.

Thierry va avec sa sœur (se) promener.

Der Bruder und die Schwester maulen.

Le frère et la sœur (se) boudent.

Luise erzählt eine Geschichte.

Louise raconte une histoire.

Michael fürchtet sich vor einer Wespe.

Michel effraye soi d'une guêpe.

Die fleißigen Knaben überlernen ihre Lection.

Les appliqués garçons repassent leur leçon.

Hermann zeigt seinen Kameraden ein schönes Buch.

Germain montre à ses camarades un beau livre.

VINGTIÈME LEÇON

Das Gymnasium, die Schule (*suite*).

der Schwamm ("e),	l'éponge.	lang,	long.
die Kreide (n),	la craie.	kurz,	court.
die Aufgabe (n),	le devoir.	belohnen,	récompenser.
die Lection (en),	la leçon.	strafen,	punir.
Klemenz,	Clément.	machen,	faire.
Victoria,	Victoire.	lernen,	apprendre.

---

90. Exercice.

Traduisez en mettant les noms au cas indiqué :

NOMINATIF (sujet).	GÉNITIF (compl. du nom).	ACCUSATIF (compl. dir.).
votre grand'mère,	de mon père,	ce vieillard,
leur fille,	de ta mère,	un jeune homme,
son petit-fils,	de son fils,	la jeune fille,
votre neveu,	de leur sœur,	notre professeur,
sa nièce,	de notre oncle,	votre institutrice,
cet homme,	de votre tante.	cette demoiselle.

91. Version.

Traduisez ; indiquez le cas des noms et le temps des verbes.

1. Hier ist der Schwamm. — **2.** Ich hatte meine Aufgabe gemacht. — **3.** Die Lehrerin hat die Tochter meines Vetters gestraft. — **4.** Da ist die Thür des Schulsaals. — **5.** Der Lehrer belohnte Klemenz. — **6.** Lernst du deine Lection?

EXERCICE ORAL.

Wo ist der Schwamm? Hier ist, u. s. w.
Où est l'éponge ? Voici, etc.

[20e LEÇON]

44. Datif : complément indirect. — Le complément indirect s'appelle en allemand *datif.*

45. Datif des noms. — Les noms allemands ne prennent pas de terminaison au *datif.*

46. Datif dem, diesem, jenem, meinem. — Les articles **der, ein,** les adjectifs déterminatifs **dieser, jener, mein,** etc., prennent au *datif masculin et neutre* la terminaison **em.**

Ex.: J'obéis *à mon père,* ich gehorche mein**em** Vater.

47. Datif der, dieser, etc. — Les mêmes *articles* et *adjectifs déterminatifs* prennent au *datif féminin* la terminaison **er.**

Ex: Louis écrit *à sa mère,* Ludwig schreibt sein**er** Mutter.

---

92. Exercice.

Traduisez; donnez aux noms et aux adjectifs la terminaison convenable.

GÉNITIF (compl. du nom).	DATIF (compl. ind.).	ACCUSATIF (compl. direct).
de notre cave,	à ma chaise,	votre tablier noir,
de votre mur,	à ton lit,	ce poêle,
de ce toit,	à son armoire,	leur pupitre,
de notre cuisine,	à leur glace,	notre banc,
de cet escalier,	à ma montre,	ce livre-là,
de ta chambre,	à leur cheminée,	son encrier,
de votre fenêtre,	à ce tableau,	ton cahier,
de sa porte,	à notre jardin,	ce papier.

[20e LEÇON]

Verbe **lieben**, aimer.

FUTUR.

ich werde (das Kind) lieben,	j'aimerai (l'enfant).	ich werde (gut) arbeiten,	je travaillerai (bien).
du wirst — lieben,		du wirst — arbeiten,	
er wird — lieben,		er wird — arbeiten,	
wir werden — lieben,		wir werden — arbeiten,	
ihr werdet — lieben,		ihr werdet — arbeiten,	
sie werden — lieben,		sie werden — arbeiten,	

93. Exercice.

Conjuguez sur les modèles déjà étudiés.

ich belohne diesen Schüler, je récompense cet élève (p. 81).
ich verkaufte das Pferd, je vendis le cheval (p. 85).
ich habe das Fenster geöffnet, j'ai ouvert la fenêtre (p. 89).
ich hatte die Aufgabe gemacht, j'avais fait le devoir (p. 93).

Conjuguez sur le modèle ci-dessus :

ich werde den Schüler tadeln, je blâmerai l'élève.
ich werde die Lection lernen, j'apprendrai la leçon.

94. Conversation.

Die Bewegungen. LES MOUVEMENTS.

Aufstehen! Sitzen! Levez-vous! Asseyez-vous!
Den Kopf nach rechts! Tournez la tête à droite!
Den Kopf nach links! Tournez la tête à gauche!
Den rechten Arm in die Höhe! Levez le bras droit en l'air!
Den linken Arm in die Höhe! Le bras gauche en l'air!
Die Arme vorwärts! Les bras en avant!
Die Arme rückwärts! Les bras en arrière!
Die Arme kreuzen! Croisez les bras!
Die Arme im Kreis herum! Faites le moulinet avec les bras!

[20e LEÇON]

Kinderspiele. Les jeux d'enfants.

Der träge Bernhard steht spät auf.
Le paresseux Bernard (se) lève tard.

Die Knaben spielen Ball.
Les garçons jouent (à la) balle.

Benedict spielt Kreisel.
Benoît joue (à la) toupie.

Lorenz hat einen Papier-drachen gemacht.
Laurent a un cerf-volant fait.

Leo und seine Schwester machen einen Schneemann.
Léon et sa sœur font un homme de neige.

Stephan läuft Schlittschuh.
Étienne patine.

VINGT ET UNIÈME LEÇON

Das Gymnasium, die Schule (*suite*).

der Brief (e),	la lettre.	schön,	beau.
die Geschichte (n),	l'histoire.	fertig,	fini.
das Wort ("er),	le mot.	öffnen,	ouvrir.
der Fehler (-),	la faute.	erzählen,	raconter.
Georg,	Georges.	rechnen,	calculer.
Genovefa,	Geneviève.	zeichnen,	dessiner.

---

95. Exercice.

Traduisez en mettant les mots au cas indiqué.

NOMINATIF Sujet.	GÉNITIF Compl. du nom.	DATIF Compl. indirect.	ACCUSATIF Compl. direct.
ce bœuf,	de cet agneau,	à cette brebis,	notre chien,
cette chèvre,	de votre porc,	à son chat,	leur vache,
un lion,	de ce tigre,	à un renard,	ce loup,
l'ours,	du sanglier,	au chevreuil,	le cerf.

96. Version.

Traduisez; dites le cas des noms et le temps des verbes.

1. Der Brief meiner Schwester war kurz. — 2. Der Lehrer erzählte dem Schüler eine Geschichte. — 3. Georg hat seinem Vetter ein Buch gekauft. — 4. Wirst du jetzt deine Aufgabe machen und deine Lektion lernen? — 5. Wir werden rechnen oder zeichnen.

EXERCICE ORAL.

Was war kurz? Der Brief meiner Schwester,
Qu'est-ce qui était court? La lettre de ma sœur,
u. s. w., etc.

[21e LEÇON]

48. Déclinaison des noms avec der, die, das *ou* avec dieser, jener, etc.

	MASCULIN		NEUTRE	
N.	**der Sohn,**	le fils,	**das Haus,**	la maison,
G.	**des Sohnes,**	du fils,	**des Hauses,**	de la maison,
D.	**dem Sohn,**	au fils,	**dem Haus,**	à la maison,
A.	**den Sohn,**	le fils,	**das Haus,**	la maison.

FÉMININ

Nom.	**die Frau,**	la femme,
Gén.	**der Frau,**	de la femme,
Dat.	**der Frau,**	à la femme,
Acc.	**die Frau,**	la femme.

---

97. Exercice.

Déclinez sur les modèles ci-dessus :

der Vater,	le père,	die Mutter,	la mère,
der Onkel,	l'oncle,	die Tochter,	la fille,
das Kind,	l'enfant,	das Fräulein,	la demoiselle.

98. Thème.

Traduisez; indiquez le genre et le cas des noms, ainsi que le temps des verbes.

1. La craie est blanche et l'encre est noire. — **2.** Mon devoir est long et votre leçon est courte. — **3.** Voilà l'éponge, voici la règle. — **4.** L'instituteur récompensera Clément. — **5.** L'institutrice a puni cette écolière, elle est trop méchante. — **6.** Edmond, as-tu déjà fait ton devoir? — **7.** Ce père a acheté à son fils un livre et un cahier. — **8.** Louis n'a pas ouvert la fenêtre de sa chambre.

[21e LEÇON]

Verbe **lieben**, aimer.

IMPÉRATIF.

liebe,	aime,	lieben wir,	aimons,
		liebt,	aimez,
liebe er,	qu'il aime,	lieben sie,	qu'ils aiment.

---

99. Exercice.

Conjuguez sur les modèles déjà étudiés.

sei nicht träge, ne sois pas paresseux (p. 33).
werde fleißig, deviens appliqué (p. 37).
habe Ordnung, aie de l'ordre (p. 73).

Conjuguez sur le modèle ci-dessus les verbes :

mache die Aufgabe, fait le devoir.
öffne das Fenster, ouvre la fenêtre.

100. Die Bewegungen. Les mouvements.

In die Hände klatschen! Tapez des mains !
Die Hände auf den Rücken! Les mains sur le dos !
Die Daumen in die Höhe! Levez les pouces en l'air !
Die Zeigefinger — — Levez les index en l'air !
Die Mittelfinger — — Levez les doigts du milieu !
Die Ringfinger — — Levez les annulaires !
Die kleinen Finger — — Levez les auriculaires !
Den rechten Fuß vorwärts! Avancez le pied droit !
Den linken Fuß vorwärts! Avancez le pied gauche !
Den rechten Fuß rückwärts! Le pied droit en arrière !
Den linken Fuß rückwärts! Le pied gauche en arrière !
Auf dem rechten Fuß hüpfen! Sautillez sur le pied droit !
Mit den Füßen stampfen! Tapez des pieds !

[21e LEÇON]

Kinderspiele. Les jeux d'enfants.

Die Schüler spielen Nachlaufen.
Les élèves jouent à la course.

Die Kinder spielen blinde Kuh.
Les enfants jouent à colin-maillard.

Die Schüler spielen Bockspringen.
Les élèves jouent à saut de mouton.

Gottfried macht Seifenblasen.
Geoffroy fait des bulles de savon.

Die Knaben spielen Ringelrennen.
Les petits garçons jouent au carrousel.

Die kleine Amalie spielt Reifen.
Amélie joue au cerceau.

VINGT-DEUXIÈME LEÇON

Die Theile des Körpers. Les parties du corps.

der Kopf ("e),	la tête.	braun,	brun.
das Gesicht (er),	le visage.	blond,	blond.
das Haar (e),	le cheveu.	leben,	vivre.
die Stirn (en),	le front.	athmen,	respirer.
das Auge (n),	l'œil.	hören,	entendre.
das Ohr (en),	l'oreille.	sehen,	voir.

101. Exercice.

Traduisez les noms suivants en les mettant au cas indiqué.

NOMINATIF Sujet.	GÉNITIF Compl. du nom.	DATIF Compl. indirect.	ACCUSATIF Compl. direct.
la maison,	de ce mur,	à cette chambre,	la cave,
cette cuisine,	de l'escalier,	à la porte,	la fenêtre,
le lit,	de la table,	à cette chaise,	cette armoire,
la pendule,	de cette glace,	au tableau,	la cheminée.

102. Version.

Traduisez; dites le cas des noms et le temps des verbes.

1. Der Mensch und die Thiere haben einen Kopf. — 2. Wir sehen mit (avec) dem Auge und wir hören mit dem Ohr. — 3. Meine Stirn ist hoch und breit. — 4. Sein Gesicht war roth. — 5. Das Haar ist blond. — 6. Wir leben und athmen. — 7. Die Thiere sehen und hören.

EXERCICE ORAL.

Was hat der Mensch? Der Mensch hat, u. s. w.
Qu'a l'homme? L'homme a, etc.

[22e LEÇON]

49. Déclinaison des noms avec ein, mein, dein, etc.

	MASCULIN		NEUTRE	
N.	ein Sohn,	un fils,	ein Haus,	une maison,
G.	eines Sohns,	d'un fils,	eines Hauses,	d'une maison,
D.	einem Sohn,	à un fils,	einem Haus,	à une maison,
A.	einen Sohn,	un fils,	ein Haus,	une maison.

FÉMININ

Nom.	eine Frau,	une femme,
Gén.	einer Frau,	d'une femme,
Dat.	einer Frau,	à une femme,
Acc.	eine Frau,	une femme.

---

103. Exercice.

Déclinez sur les modèles ci-dessus.

mein Bruder,	mon frère,	deine Schwester,	ta sœur,
sein Pferd,	son cheval,	euer Esel,	votre âne,
unsere Ziege,	notre chèvre,	Ihr Schaf,	votre brebis,
dein Hund,	ton chien,	ihr Lamm,	leur agneau.

104. Thème.

Traduisez; indiquez le cas des noms et le temps des verbes.

1. Louis a appris sa leçon. — 2. J'ai fait mon devoir. — 3. Le professeur interrogea un élève. — 4. Georges calcule et sa sœur dessine. — 5. Nous voyons et nous entendons. — 6. L'animal vit et respire. — 7. Nous avons une tête. — 8. Ton front est large. — 9. Son visage est rond.

[22e LEÇON]

Verbe pronominal **sich freuen**, se réjouir.

INDICATIF PRÉSENT.

ich freue **mich**,	je me réjouis,
du freust **dich**,	tu te réjouis,
er freut **sich**,	il se réjouit,
wir freuen **uns**,	nous nous réjouissons,
ihr freut **euch**,	vous vous réjouissez,
sie freuen **sich**,	ils se réjouissent.

---

105. Exercice.

Traduisez en indiquant le temps et la personne.

1. Nous fûmes. — **2**. Vous devîntes. — **3**. Elle a été. **4**. Nous sommes devenus. — **5**. J'avais été. — **6**. Il (neutre) était devenu. — **7**. Tu seras. — **8**. Vous deviendrez. — **9**. Soyez. — **10**. Qu'ils deviennent. — **11**. Elle a. — **12**. Nous aimons. — **13**. Tu eus. — **14**. Vous aimâtes. — **15**. Elles ont eu. — **16**. Elle aimera. — **17**. Qu'il ait. — **18**. Aimons.

106. Die Bewegungen. Les mouvements.

Marschieren! vorwärts!	Marche! en avant!
Im Schritt! links! rechts!	Au pas! gauche! droite!
Im Schnellschritt!	Au pas accéléré!
Laufen! springen! Halt!	Courez! sautez! halte!
Schaut nach rechts!	Regardez à droite!
Schaut nach links!	Regardez à gauche!
Schaut auf den Boden!	Regardez par terre!
Schaut in die Höhe!	Regardez en l'air!

[22e LEÇON]

Der Mensch. L'homme.

Der Europäer ist weiß.
L'Européen est blanc.

Der Chinese ist gelb.
Le Chinois est jaune.

Der Neger ist schwarz.
Le nègre est noir.

Der Wilde lebt auf den Inseln Australiens.
Le sauvage vit dans les îles de l'Océanie.

Die Indianer jagen den Büffel.
Les Indiens chassent le bison.

Der Mulatte führt ein Lama.
Le mulâtre conduit un lama.

VINGT-TROISIÈME LEÇON

Die Theile des Körpers (*suite*).

die Wange (n),	la joue.	blaß,	pâle.
die Nase (n),	le nez.	häßlich,	laid.
der Mund (e),	la bouche.	reden,	parler.
die Zunge (n),	la langue.	plaudern,	bavarder.
der Zahn ("e),	la dent.	Leo,	Léon.
die Lippe (n),	la lèvre.	Klara,	Claire.

107. Exercice.

Traduisez les noms en les mettant au cas indiqué.

NOMINATIF	GÉNITIF	DATIF	ACCUSATIF
ce professeur,	de cette institutrice,	à un élève,	une écolière,
la salle de classe,	du tableau noir,	à ton livre,	leur poêle,
ce pupitre,	de notre banc,	à mon canif,	son encrier,
mon papier,	de la plume,	à ma lettre,	ton crayon.

108. Version.

Traduisez ; indiquez le cas des noms et le temps des verbes.

1. In (dans) dem Gesicht sind die Stirn, das Auge, das Ohr, die Wange, die Nase und der Mund. — 2. Wir reden mit (avec) dem Mund und mit der Zunge. — 3. Leo hat in der Schule geplaudert. — 4. Karl zeichnet das Haus seines Vaters. — 5. Klara, deine Lippe ist roth.

EXERCICE ORAL.

Was ist in dem Gesicht? In dem Gesicht sind, u.s.w.
Qu'y a-t-il dans le visage? Dans le visage sont, etc.

[23e LEÇON]

50. Terminaison en. — Les noms *masculins* en **e**, qui désignent un être *animé*, ont **en** pour terminaison *à tous les cas*, à partir du génitif.

SINGULIER

Nom.	**der Knabe,**	le garçon,
Gén.	**des Knaben,**	du garçon,
Dat.	**dem Knaben,**	au garçon,
Acc.	**den Knaben,**	le garçon.

---

109. Exercice.

Décliner sur der Knabe :

der Neffe,	le neveu,	der Franzose,	le français,
der Löwe,	le lion,	der Affe,	le singe,
der Hase,	le lièvre,	der Rabe,	le corbeau.

110. Thème.

Traduisez ; indiquez le cas des noms et le temps des verbes.

1. Le visage de ce garçon était pâle. — **2.** Le front de l'homme est haut et large. — **3.** Le nez de cet enfant est très petit. — **4.** Ta lèvre est rouge. — **5.** Nous parlons avec (mit, *dat.*) la langue. — **6.** Cet enfant a déjà une dent. — **7.** Mon oncle a tué un lièvre. — **8.** La figure du singe est très laide. — **9.** Le père raconta à son fils une histoire. — **10.** Je ferai mon devoir demain. — **11.** Georges, tu as bavardé, tu n'es pas sage. — **12.** L'institutrice récompensera cette élève. — **13.** Léon calcule et sa sœur dessine.

[23e LEÇON]

Verbe pronominal, sich freuen, se réjouir.

IMPARFAIT.

ich freute mich,	je me réjouissais *ou* je me réjouis, etc.
du freutest dich,	tu te réjouissais,
er freute sich,	il se réjouissait,
wir freuten uns,	nous nous réjouissions,
ihr freutet euch,	vous vous réjouissiez,
sie freuten sich,	ils se réjouissaient.

111. Exercice.

Conjuguez sur le modèle page 105 et le modèle ci-dessus :

ich irre mich,	je me trompe.
ich schmücke mich,	je me pare.
ich setze mich auf die Bank,	je m'asseois sur le banc.

112. Exercice.

Traduisez en indiquant le temps et la personne.

1. Vous deveniez. — 2. Je fus. — 3. Ils ont été. — 4. Je serai. — 5. Il (neutre) deviendra. — 6. Deviens. — 7. Nous avions eu. — 8. Tu travaillais. — 9. J'aimai. — 10. Nous avons. — 11. Vous eûtes ouvert. — 12. Ils avaient loué. — 13. Nous aimerons.

113. Conversation.

Geht an die Tafel,	Allez au tableau.
Geht an euern Platz,	Allez à votre place.
Schaut auf die Tafel,	Regardez au tableau.
Macht das Fenster auf,	Ouvrez la fenêtre.
Macht das Fenster zu,	Fermez la fenêtre.
Macht die Thür auf,	Ouvrez la porte.
Macht die Thür zu,	Fermez la porte.

[23e LEÇON]

Die Theile des Körpers. Les parties du corps.

In dem Gesicht sind die Stirn, die Augen und die Wangen.

Dans le visage sont (il y a) le front, les yeux et les joues.

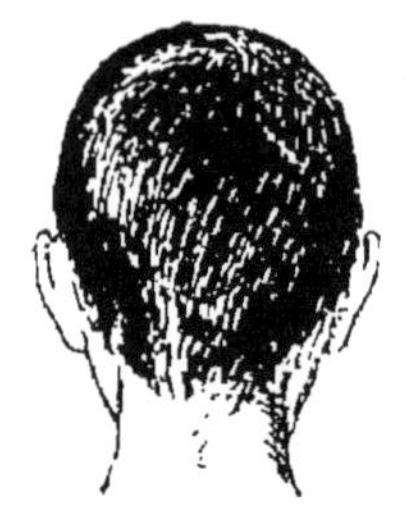

Auf dem Kopfe haben wir Haare.

Sur la tête avons nous (des) cheveux.

An den Augen sind die Augenbrauen und die Augenlieder.

Aux yeux, sont (il y a) les sourcils et les paupières.

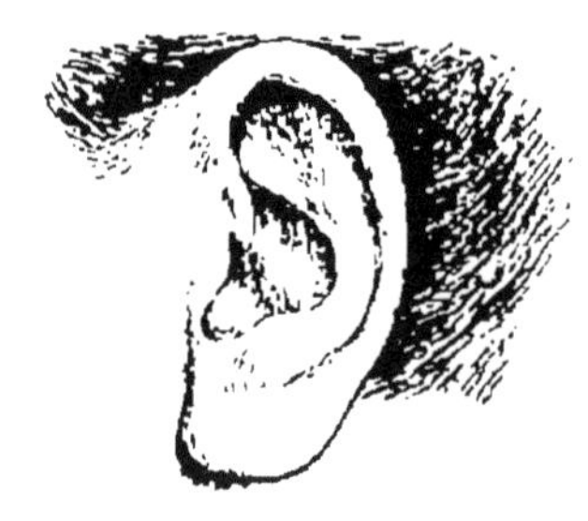

Wir hören mit dem Ohr.

Nous entendons avec l'oreille.

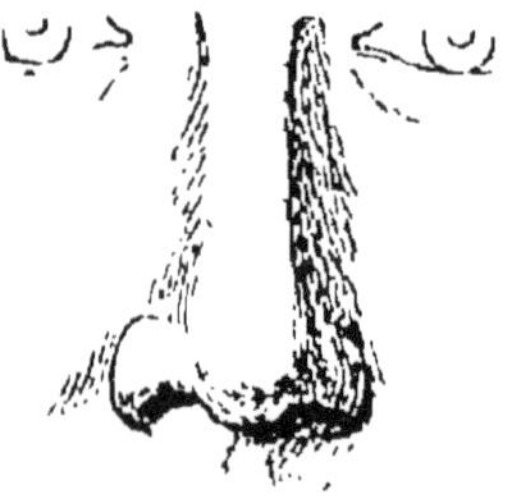

Wir riechen und athmen mit der Nase.

Nous sentons et (nous) respirons avec le nez.

Die Männer haben einen Bart an den Wangen.

Les hommes ont une barbe aux joues.

VINGT-QUATRIÈME LEÇON

Die Theile des Körpers (*suite*).

der Hals ("ſe),	le cou.	ſteif,	raide.
die Schulter (n),	l'épaule.	lahm,	paralysé.
der Arm (e),	le bras.	ſpielen,	jouer.
die Hand ("e),	la main.	zählen,	compter.
der Finger (-),	le doigt.	Michael,	Michel.
der Nagel ("-),	l'ongle.	Magdalena,	Madeleine.

---

114. Exercice.

Traduisez en mettant au cas convenable :

NOMINATIF	GÉNITIF	DATIF	ACCUSATIF
la tête,	du corps,	au visage,	le cheveu,
le front,	de l'œil,	à l'oreille,	la bouche,
la joue,	du nez,	à la langue,	la dent,
la lèvre,	du cou,	à l'épaule,	le bras,
la main,	du doigt,	au doigt,	l'ongle.

115. Version.

Traduisez; dites le cas des noms et le temps des verbes.

1. Der Kopf, der Hals, die Schulter und der Arm ſind Theile des Körpers. — **2.** Wir arbeiten mit (avec) der Hand. — **3.** Zählet eure Finger. — **4.** An (à) jeder Hand haben wir fünf Finger und an jedem Finger haben wir einen Nagel.

EXERCICE ORAL.

Welches ſind die Theile des Körpers?	Die Theile des Körpers ſind: der Kopf, u. ſ. w.
Quelles sont les parties du corps ?	Les parties du corps sont : la tête, etc.

[24e LEÇON]

51. Nombres cardinaux. — Les nombres *cardinaux* sont :

1, **eins**,	8, **acht**,	15, **fünfzehn**,
2, **zwei**,	9, **neun**,	16, **sechzehn**,
3, **drei**,	10, **zehn**,	17, **siebzehn**,
4, **vier**,	11, **elf**,	18, **achtzehn**,
5, **fünf**,	12, **zwölf**,	19, **neunzehn**,
6, **sechs**,	13, **dreizehn**,	20, **zwanzig**.
7, **sieben**,	14, **vierzehn**,	

(Suite, page 116.)

---

116. Lernt zählen. Apprenez à compter.

Eins und zwei, es kommt die Polizei.
Un et deux, elle vient, la police.

Drei und vier, da steht ein Offizier.
Trois et quatre, voilà un officier.

Fünf und sechs, der Baum ist ein Gewächs.
Cinq et six, l'arbre est un végétal.

Sieben und acht, des Jägers Flinte kracht.
Sept et huit, du chasseur (le) fusil craque.

Neun und zehn, im Tanz muß man sich dreh'n.
Neuf et dix, à la danse doit on se tourner.

Elf und zwölf, in Rußland gibt es Wölf'.
Onze et douze, en Russie y a-t-il (des) loups.

Dreizehn u. vierzehn, wer wild ist, kann leicht stürzen.
Treize et quatorze, qui fougueux est, peut facilement tomber.

Fünfzehn u. sechzehn, die Kräh'n und Raben krächzen.
Quinze et seize, les corneilles et (les) corbeaux croassent.

Siebzehn u. achtzehn, den Mond kann man Nachts seh'n.
Dix-sept et dix-huit, la lune peut-on (la) nuit voir.

Neunzehn u. zwanzig, wir reisen bald nach Danzig.
Dix-neuf et vingt, nous irons bientôt à Dantzig.

[24e LEÇON]

Verbe pronominal **sich freuen**, se réjouir.

PASSÉ INDÉFINI.

ich habe mich gefreut,	je me suis réjoui.
du hast dich gefreut,	tu t'es réjoui,
er hat sich gefreut,	il s'est réjoui.
wir haben uns gefreut,	nous nous sommes réjouis.
ihr habt euch gefreut,	vous vous êtes réjouis.
sie haben sich gefreut,	ils *ou* elles se sont réjouis.

Remarquez qu'en allemand le verbe pronominal prend l'auxiliaire **haben,** *avoir*. On dit : ich **habe** mich gefreut, **j'ai moi** réjoui, et non : je *me suis* réjoui.

---

117. Exercice.

Conjuguez sur les modèles pages 105, 109 et sur le modèle ci-dessus :

ich stütze mich auf den Stock, je m'appuie sur la canne ;
ich stelle mich an das Fenster, je me mets à la fenêtre.

118. Conversation.

Wer macht die Kleider?		Der Schneider macht, u. s. w.	
Qui fait les habits?		Le tailleur fait, etc.	
— — die Schuhe?		Der Schuster macht, u. s. w.	
— — les souliers?		Le cordonnier fait, etc.	
— — die Hüte?		Der Hutmacher macht, u. s. w.	
— — les chapeaux?		Le chapelier fait, etc.	
— — die Hüte der Damen?		Die Putzmacherin macht, u. s. w.	
— — les chapeaux des dames.		La modiste fait, etc.	
— — den Tisch?		Der Tischler macht, u. s. w.	
— — la table?		L'ébéniste fait, etc.	
— — die Thüren?		Der Schreiner macht, u. s. w.	
— — les portes?		Le menuisier fait, etc.	
— — die Schlösser?		Der Schlosser macht, u. s. w.	
— — les serrures?		Le serrurier fait, etc.	

[24e LEÇON]

Die Theile des Körpers.

Les parties du corps (*suite*).

In dem Munde haben wir die Zunge und die Zähne.

Dans la bouche, avons nous la langue et les dents.

Unter den Lippen ist das Kinn.

Au-dessous des lèvres est le menton.

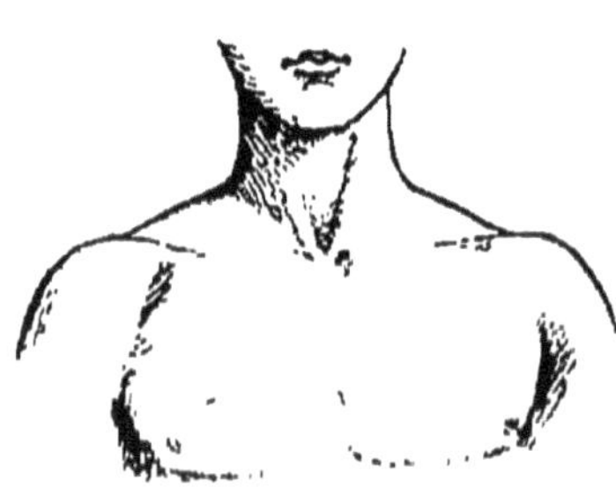

Der Hals verbindet den Kopf mit dem Rumpf.

Le cou unit la tête avec le tronc.

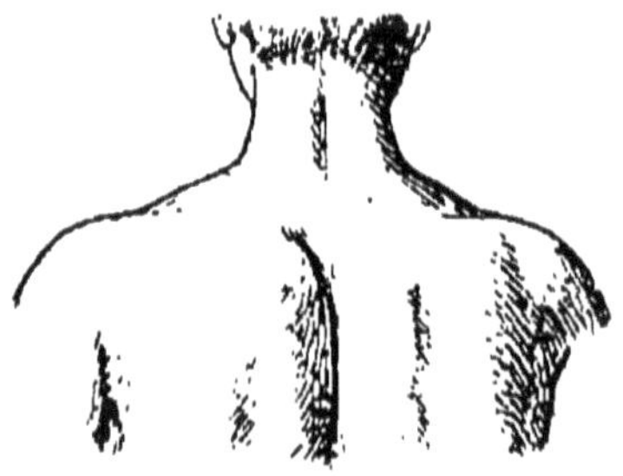

Die Schultern verbinden die Arme mit dem Körper.

Les épaules unissent les bras avec le corps.

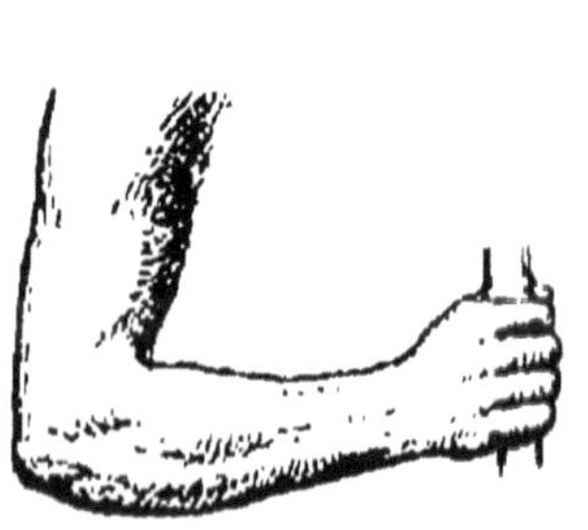

An dem Arm haben wir einen Ellenbogen und eine Hand.

Au bras, avons nous un coude et une main.

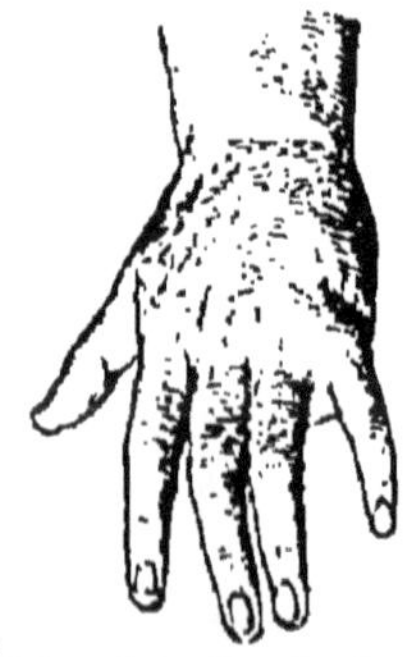

An der Hand haben wir fünf Finger.

A la main, avons nous cinq doigts.

VINGT-CINQUIÈME LEÇON

Die Theile des Körpers (*suite*).

die Brust ("e),	la poitrine.	der Fuß ("e),	le pied.
das Herz (en),	le cœur.	die Zehe (n),	le doigt de pied.
der Rücken (-),	le dos.	hübsch,	joli.
der Bauch ("e),	le ventre.	niedlich,	mignon.
das Bein (e),	la jambe.	gehen,	aller.
das Knie (e),	le genou.	springen,	sauter.

---

119. Exercice.

Traduisez ces noms et mettez-les aux cas indiqués.

NOMINATIF	GÉNITIF	DATIF	ACCUSATIF
ma tête,	de ton visage,	au cheveu,	son front,
l'œil,	de l'oreille,	au nez,	ta bouche,
ta joue,	de sa langue,	à ma lèvre.	la dent,
mon épaule,	du cou,	à notre main,	son bras,
son doigt,	de l'ongle,	à sa poitrine,	mon dos.

120. Version.

Traduisez; dites le cas des noms et le temps des verbes.

1. Die Stirn und die Nase sind in (dans) dem Gesicht. — **2.** Das Herz ist in der Brust. — **3.** Unter (sous) der Brust ist der Bauch. — **4.** Das Knie und der Fuß sind Theile des Beines. — **5.** Das Gesicht dieses Kindes ist hübsch.

EXERCICE ORAL.

Was ist in dem Gesicht? In dem Gesicht, u. s. w.
Qu'y a-t-il dans le visage? Dans le visage est, etc.

52. Dizaines : terminaison zig. — Dans les nombres cardinaux, les *dizaines* se forment des unités par l'addition de la syllabe **zig**.

20, zwan**zig**,	70, sieb**zig**,
30, drei**ßig**,	80, acht**zig**,
40, vier**zig**,	90, neun**zig**,
50, fünf**zig**,	100, **hundert**,
60, sech**zig**,	1 000, **tausend**.

53. Unités avant les dizaines. — A partir de **zwanzig**, vingt, les unités s'énoncent toujours *avant* les dizaines, que l'on fait précéder de **und**, *et*.

Ex.: 21 (*tourn.* : un et vingt), **ein und** zwanzig.
245 (*tourn.*: deux cent cinq et quarante), zwei hundert **fünf und** vierzig.

---

121. Exercice.

Lisez et écrivez les nombres suivants (voir page 110).

7, 9, 13, 17, 26, 32, 40, 47, 52, 58, 67, 70, 73, 79, 84, 90, 93, 99, 100, 104, 109, 112, 120, 135, 146, 174, 189, 195, 200, 206, 231, 285, 310, 346, 475, 549, 657.

122. Thème.

Traduisez; indiquez le cas des noms et le temps des verbes.

1. Nous avons une tête, un front, un nez et une bouche. — **2.** Le visage de cet enfant est joli. — **3.** Le bras de ce vieillard était raide. — **4.** Le cœur est dans (in, *dat.*) la poitrine. — **5.** La jambe de sa mère était paralysée. — **6.** L'homme marche, le (petit) garçon saute. — **7.** L'animal vit et respire.

[25e LEÇON]

Verbe pronominal **sich freuen**, se réjouir.

PLUS-QUE-PARFAIT.

ich hatte mich gefreut,	je m'étais *ou* je me fus réjoui,
du hattest dich gefreut,	tu t'étais *ou* tu te fus réjoui,
er hatte sich gefreut,	il s'était *ou* il se fut réjoui,
wir hatten uns gefreut,	n. n. étions *ou* fûmes réjouis,
ihr hattet euch gefreut,	v. v. étiez *ou* fûtes réjouis,
sie hatten sich gefreut,	ils s'étaient *ou* se furent réjouis.

---

123. Exercice.

Conjuguez au passé indéfini (page 113) et sur le modèle ci-dessus:

ich habe mich geirrt,	je me suis trompé.
ich habe mich auf den Stock gestützt,	je me suis appuyé sur la canne.
ich habe mich auf den Stuhl gesetzt,	je me suis assis sur la chaise.

124. Conversation.

Wer jagt das Wild?	Der Jäger jagt, u. s. w.
Qui chasse le gibier?	Le chasseur chasse, etc.
— fängt den Fisch?	Der Fischer fängt, u. s. w.
— prend le poisson?	Le pêcheur prend, etc.
— malt das Bild?	Der Maler malt, u. s. w.
— peint le tableau?	Le peintre peint, etc.
— baut das Korn?	Der Bauer baut, u. s. w.
— cultive le grain?	Le paysan cultive, etc.
— lenkt das Pferd?	Der Reiter lenkt, u. s. w.
— conduit le cheval?	Le cavalier conduit, etc.
— liest das Buch?	Der Leser liest, u. s. w.
— lit le livre?	Le lecteur lit, etc.
— verkauft das Fleisch?	Der Fleischer verkauft, u. s. w.
— vend la viande?	Le boucher vend, etc.

[25e LEÇON]

Die Theile des Körpers.

Les parties du corps (*suite*).

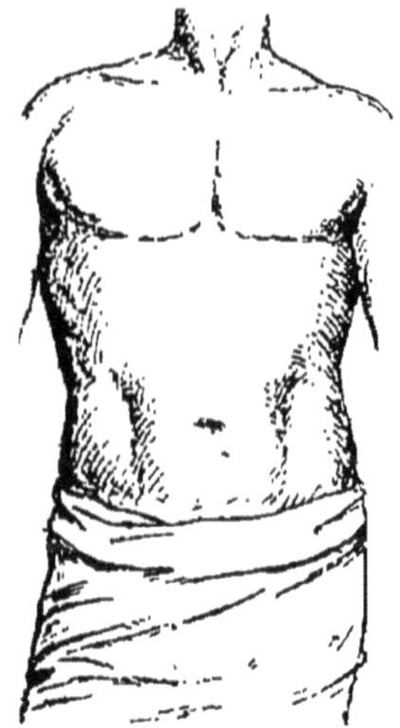

In der Brust sind das Herz und die Lunge; unter der Brust ist der Bauch.

Dans la poitrine, sont (il y a) le cœur et le poumon; au-dessous de la poitrine, est (il y a) le ventre.

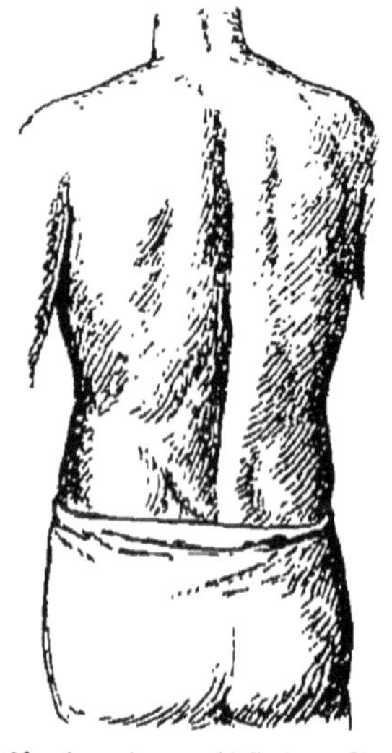

Unter dem Rücken sind die Hüften.

Au-dessous du dos, sont (il y a) les hanches.

Das Bein besteht aus dem Schenkel, dem Knie und der Wade.

La jambe se compose de la cuisse, du genou et du mollet.

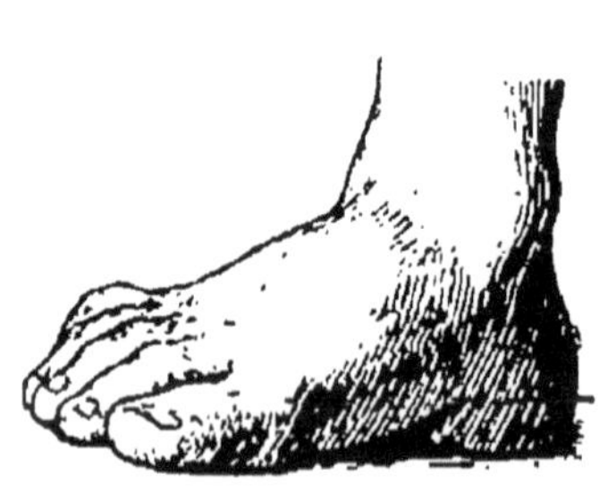

An dem Fuße haben wir fünf Zehen mit Nägeln.

Au pied, avons nous cinq doigts avec (des) ongles.

VINGT-SIXIÈME LEÇON

Die Kleidungsstücke. Les vêtements.

das Kleid (er),	l'habit.	grau,	gris.
das Hemd (en),	la chemise.	gelb,	jaune.
der Hut ("e),	le chapeau.	schützen,	protéger.
die Mütze (n),	la casquette.	tragen,	porter.
die Halsbinde(n),	la cravate.	Friedrich,	Frédéric.
der Handschuh(e),	le gant.	Margaretha,	Marguerite.

---

125. Exercice.

Traduisez ces noms et mettez-les aux cas indiqués.

NOMINATIF	GÉNITIF	DATIF	ACCUSATIF
le front,	de l'œil,	à la joue,	l'oreille,
le cœur,	de la poitrine,	au dos,	le ventre,
la jambe,	du genou,	au pied,	le doigt de pied,
mon habit.	de ta chemise,	à sa casquette,	votre chapeau,
sa cravate.	de ton habit,	à ta chemise,	mon gant.

126. Version.

Traduisez; dites le cas des noms et le temps des verbes.

1. Die Mütze dieses Knaben ist grau. — 2. Friedrich, wo ist dein Hut? — 3. Auf (sur) meinem Körper trage ich ein Hemd. — 4. An dem (au) Hals habe ich eine Halsbinde und an der Hand habe ich einen Handschuh.

EXERCICE ORAL.

Wie ist die Mütze?	Die Mütze, u. s. w.
Comment est la casquette?	La casquette, etc.

[26e LEÇON]

54. **Pluriel de l'article**. — Au pluriel, l'article défini **der**, **die**, **das** n'a qu'une seule forme pour les trois genres.

NOMINATIF	GÉNITIF	DATIF	ACCUSATIF
die, les.	**der**, des.	**den**, aux.	**die**, les.

Tous les adjectifs déterminatifs (**mein**, **unser**, **dieser**, etc.) prennent au pluriel les terminaisons de l'article **die**.

55. **Noms masculins : pluriel e**. — Les noms masculins prennent **e** au pluriel avec *inflexion* de la voyelle radicale. Au datif seul ils prennent **en**.

Nom. die Söhne,
Gén. der Söhne,
Dat. den Söhnen,
Acc. die Söhne.

---

127. Exercice.

Déclinez sur le modèle ci-dessus :

die Greise,	les vieillards,	die Tische,	les tables,
die Wölfe,	les loups,	die Stühle,	les chaises,
die Hirsche,	les cerfs,	die Schränke,	les armoires.

128. Thème.

1. La main de cet enfant est mignonne. — 2. Mon habit n'est plus neuf. — 3. La chemise de ce garçon est blanche. — 4. Le chapeau de cette femme est très joli. — 5. Mon père a acheté à mon frère une casquette. — 6. Voici la cravate de mon cousin. — 7. Les gants sont gris, jaunes ou noirs.

[26e LEÇON]

Verbe pronominal sich freuen, se réjouir.

FUTUR.

ich werde mich freuen,	je me réjouirai,
du wirst dich freuen,	tu te réjouiras,
er wird sich freuen,	il se réjouira,
wir werden uns freuen,	nous nous réjouirons,
ihr werdet euch freuen,	vous vous réjouirez,
sie werden sich freuen,	ils *ou* elles se réjouiront.

---

129. Exercice.

Conjuguez sur le modèle ci-dessus.

ich werde mich setzen,	je m'asseoirai.
ich werde mich nicht irren,	je ne me tromperai pas.
ich werde mich schmücken,	je me parerai.

130. Die Thiere nützen. Les animaux sont utiles.

Die Ochsen ziehen Pflüge,
Les bœufs traînent (les) charrues,
Milch geben Kuh und Ziege,
(Du) lait donnent la vache et la chèvre,
Das Fleisch hackt man zu Würsten,
La viande hache-t-on en saucisses,
Aus Borsten macht man Bürsten,
Avec (les) soies fait-on des brosses,
Der Fisch gibt Fastenspeisen,
Le poisson donne des plats maigres,
Auf Pferden macht man Reisen,
Sur (les) chevaux fait-on des voyages,
Aus Häuten macht man Leder,
Avec (les) peaux fait-on du cuir,
Zum Schreiben dient die Feder.
A écrire sert la plume.

[26e LEÇON]

Die Kleider. Les habits.

Die Jünglinge tragen eine Jacke.
Les jeunes gens portent une jaquette.

Im Winter tragen wir einen Überzieher.
En hiver portons nous un pardessus.

Die Herren tragen einen Rock.
Les messieurs portent une redingote.

Die Herren tragen ein weißes Hemd.
Les messieurs portent une blanche chemise.

Unter der Jacke tragen wir eine Weste.
Sous la jaquette, portons nous un gilet.

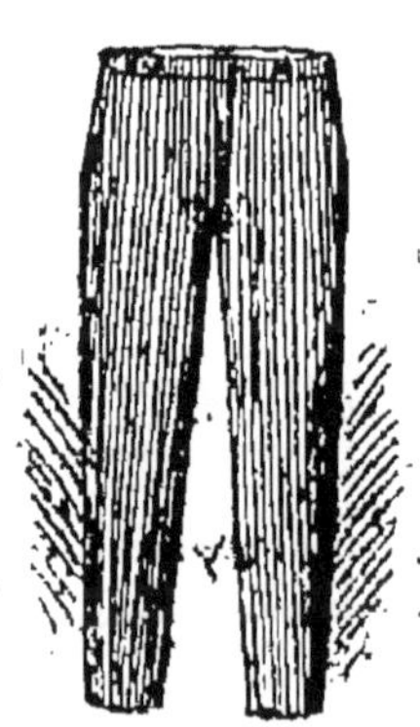

Die Männer und Knaben tragen Hosen.
Les hommes et les garçons portent (des) pantalons.

VINGT-SEPTIÈME LEÇON

Die Kleidungsstücke. Les vêtements (*suite*).

die Jacke (n),	la jaquette.	eng,	étroit.
die Weste (n),	le gilet.	weit,	large.
die Hosen (*plur.*),	le pantalon.	nähen,	coudre.
der Stiefel (-),	la botte.	stricken,	tricoter.
der Schuh (e),	le soulier.	Heinrich,	Henri.
der Strumpf ("e),	le bas.	Marie,	Marie.

---

131. Exercice.

Traduisez ces noms en les mettant aux cas indiqués.

NOMINATIF	GÉNITIF	DATIF	ACCUSATIF
les vieillards,	des jeunes hommes,	aux chiens,	les loups,
les renards,	des cerfs,	aux tables,	les chaises,
les armoires,	de ses cheminées,	à vos cours,	ces éponges,
ses lettres,	de mes crayons,	à leurs têtes,	vos dents,
nos bras,	de tes pieds,	à nos chapeaux.	leurs gants.

132. Version.

1. Meine Jacke ist zu eng und meine Weste zu weit. — 2. Mutter, nähe meine Hosen. — 3. Meine Schwester hat meine Strümpfe gestrickt. — 4. Hier sind Ihre Schuhe und Ihre Stiefel. — 5. Die Hosen deines Bruders sind grau.

EXERCICE ORAL.

Wie ist meine Jacke? Meine Jacke ist, u. s. w.
Comment est ma jaquette? Ma jaquette est, etc.

[27e LEÇON]

56. Noms neutres : pluriel er. — Les noms *neutres* prennent au pluriel **er**, avec *inflexion* de la voyelle radicale.

Nom.	die Häuser,	les maisons,
Gén.	der Häuser,	des maisons,
Dat.	den Häusern,	aux maisons,
Acc.	die Häuser,	les maisons.

57. Noms féminins : pluriel en. — Les noms *féminins* prennent au pluriel **en**, sans inflexion de la voyelle radicale.

Nom.	die Frauen,	les femmes,
Gén.	der Frauen,	des femmes,
Dat.	den Frauen,	aux femmes,
Acc.	die Frauen,	les femmes.

---

133. Exercice.

Déclinez sur les modèles ci-dessus :

NOMS NEUTRES		NOMS FÉMININS	
die Kinder,	les enfants.	die Tanten,	les tantes.
die Lämmer,	les agneaux.	die Ziegen,	les chèvres,
die Bücher,	les livres.	die Katzen,	les chats.
die Kleider,	les habits.	die Uhren,	les pendules.

134. Thème.

Traduisez en indiquant le temps des verbes et le cas des noms.

1. Nos habits sont dans (in, *dat.*) l'armoire. — 2. Les chapeaux de ces femmes sont très jolis. — 3. Notre mère coudra nos gilets et nos jaquettes. — 4. Ces souliers sont trop étroits. — 5. Mes bas sont noirs. — 6. Ma sœur tricote un bas.

[27e LEÇON]

Verbe pronominal **sich freuen**, se réjouir.

IMPÉRATIF.

freue dich,	réjouis-toi,
freue er *ou* sie sich,	qu'il *ou* elle se réjouisse,
freuen wir uns,	réjouissons-nous,
freuet euch,	réjouissez-vous,
freuen sie sich,	qu'ils *ou* elles se réjouissent.

135. Exercice.

Conjuguez à l'impératif.

ich setze mich auf den Stuhl, je m'assieds sur la chaise.
ich stütze mich auf einen Stock, je m'appuie sur une canne.

136. Wie die Thiere schreien. Les cris des animaux.

Der Ochse brüllt, die Kuh, sie brummt;
Le bœuf mugit, la vache, elle beugle:
Das Schäflein blökt, die Biene summt;
La petite brebis bêle, l'abeille bourdonne;
Der Hund bellt, die Katze speit;
Le chien aboie, le chat crache;
Das Pferd wiehert, der Esel schreit;
Le cheval hennit, l' âne brait;
Die Tauben girren, der Hahn, der kräht;
Les pigeons roucoulent, le coq, [celui-là] chante;
Die Spatzen lärmen früh und spät;
Les moineaux piaillent tôt et tard;
Die Gänse schreien : kack, kack, kack!
Les oies crient : caque, caque, caque!
Die Enten rufen : wack, wack, wack!
Les canards appellent : couin, couin, couin!

[27e LEÇON]

Die Kleider. Les habits (*suite*).

Die Männer tragen Hüte.
Les hommes portent (des) chapeaux.

Die Knaben tragen Mützen.
Les garçons portent (des) casquettes.

An den Füßen tragen wir Strümpfe.
Aux pieds portons nous (des) bas.

Die Reiter tragen Stiefel.
Les cavaliers portent (des) bottes.

Die Damen tragen Halbstiefel.
Les dames portent (des) bottines.

Die Kinder tragen Schuhe.
Les enfants portent (des) souliers.

VINGT-HUITIÈME LEÇON

Die Kleidungsstücke. Les vêtements (*suite*).

der Rock ("e),	la robe.	bequem,	commode.
die Haube (n),	le bonnet.	schmutzig,	sale. malpropre.
der Mantel ("-),	le manteau.	bürsten,	brosser.
die Schürze (n),	le tablier.	gehören (dat.),	appartenir.
das Taschentuch ("er),	le mouchoir.	Julius,	Jules.
die Stecknadel (n),	l'épingle.	Julie,	Julie.

137. Exercice.

Traduisez les noms en les mettant aux cas indiqués (pour le pluriel, voir la revision, page 151).

NOMINATIF	GÉNITIF	DATIF	ACCUSATIF
les pupitres,	des livres,	aux encriers.	les cahiers,
les devoirs.	des crayons,	aux lettres,	les histoires,
ces mots,	de nos éponges,	à ces tables,	leurs armoires,
nos chaises,	de leurs pendules,	à vos cheminées,	ces cours.

138. Version.

1. Die Frauen tragen Röcke und Hüte. — 2. Die Schürze dieses Mädchens ist blau. — 3. Bürste deine Hosen und deine Schuhe, sie sind schmutzig. — 4. Die Haube deiner Nichte war neu. — 5. Ich habe eine Stecknadel in (dans) meiner Halsbinde. — 6. Sie kauften Handschuhe.

EXERCICE ORAL.

Was tragen die Frauen? Die Frauen tragen, u.s.w.
Que portent les femmes? Les femmes portent, etc.

58. Pluriel des noms en in. — Les nom *féminins* en **in** doublent le **n**, avant de prendre la terminaison **en**.

Ex.: Die Lehrer**in**, l'institutrice; *plur.* die Lehre-**rinnen**.

59. Du, de la, des. — *Du, de la, des* ne se traduisent pas, quand ils se rapportent à un nom *sujet* ou complément *direct*.

Ex.: J'ai *du* pain (*trad.* : j'ai pain), ich habe Brot.

---

139. Exercice.

Traduisez et dites le genre, le nombre et le cas des noms :

1. Der Schülerinnen. — **2.** Den Lehrerinnen. — **3.** Die Pferde. — **4.** Der Hausthiere. — **5.** Dem Esel. — **6.** Den Kälbern. — **7.** Der Schafe[1]. — **8.** Der Lämmer. — **9.** Den Ziegen. — **10.** Die Schweine. — **11.** Der Katzen. — **12.** Den Hund. — **13.** Der Rehe. — **14.** Den Füchsen.

140. Thème.

Traduisez; indiquez le cas des noms et le temps des verbes.

1. Nous portons des habits; ils sont noirs, bruns ou gris. — 2. Ma chemise est blanche. — 3. La cravate de ce garçon est bleue. — 4. Les gants de ma mère sont neufs. — 5. Les chapeaux de mes tantes sont très beaux. — 6. Vendez-vous des bottes et des souliers?

---

1. Un certain nombre de noms neutres prennent au pluriel **e**, comme les noms masculins : das Schaf, *plur.* die Schafe.

[28e LEÇON]

DÉCLINAISON DES NOMS

SINGULIER

	MASCULIN	FÉMININ	NEUTRE
Nom.	der Sohn,	diese Frau,	mein Haus,
	le fils,	cette femme,	ma maison,
Gén.	des Sohn **s**,	dieser Frau,	meines Hauf **es**,
Dat.	dem Sohn,	dieser Frau,	meinem Haus,
Acc.	den Sohn,	diese Frau,	mein Haus.

PLURIEL

Nom.	die Söhn **e**,	diese Frau **en**,	meine Häuf **er**,
Gén.	der Söhn **e**,	dieser Frau **en**,	meiner Häuf **er**,
Dat.	den Söhn **en**,	diesen Frau **en**,	meinen Häuf**ern**,
Acc.	die Söhn **e**,	diese Frau **en**,	meine Häuf **er**.

---

141. Exercice.

Déclinez, au singulier et au pluriel, sur les modèles ci-dessus.

dieser Hof,	cette cour,	mein Bleistift,	mon crayon,
meine Uhr,	ma montre,	deine Lection,	ta leçon,
sein Kleid,	son habit,	sein Buch,	son livre.

142. Die Bewegungen der Thiere. Les mouvements des animaux.

Der Hase springt, der Vogel fliegt,
Le lièvre saute, l' oiseau vole,
Das Pferd trabt, die Schlange kriecht,
Le cheval trotte, le serpent rampe,
Der Hund jagt, Eichhörnchen hüpft,
Le chien chasse, (l')écureuil bondit,
Die Ente schwimmt, Zaunkönig schlüpft,
Le canard nage, (le) roitelet se glisse,
Das Mäuschen rennt, die Katz' rennt mit,
La petite souris court, le chat court avec,
Die Kuh geht langsam, Schritt für Schritt.
La vache va lentement, pas à pas.

[28e LEÇON]

Die Kleider. Les habits (suite).

Die Frauen tragen Röcke.
Les femmes portent (des) robes.

Die Damen tragen Mäntel.
Les dames portent (des) manteaux.

Die Damen und Fräulein tragen Hüte.
Les dames et (les) demoiselles portent (des) chapeaux.

In der Westentasche haben wir eine Taschenuhr.
Dans la poche du gilet avons nous une montre.

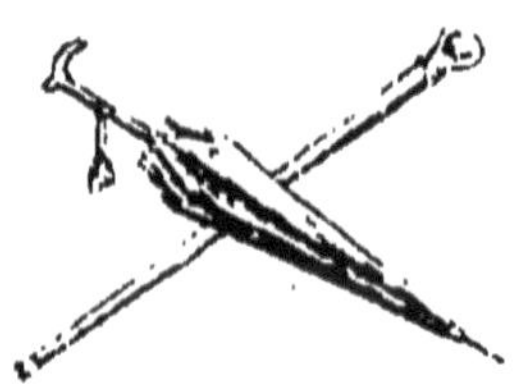

Wenn wir ausgehen haben wir einen Stock, oder einen Regenschirm.
Quand nous sortons avons nous une canne ou un parapluie.

In der Geldtasche haben wir unser Geld.
Dans le porte-monnaie avons nous notre argent.

VINGT-NEUVIÈME LEÇON

Andere Gegenstände. Autres objets.

der Ring (e),	la bague.	theuer,	cher.
die Taschenuhr (en),	la montre.	wohlfeil,	bon marché.
der Stock ("e),	la canne.	holen,	aller chercher.
der Regenschirm (e),	le parapluie.	zeigen,	montrer.
der Sonnenschirm,	l'ombrelle.	Martha,	Marthe.
die Geldtasche (n),	le porte-monnaie.	Peter,	Pierre.

---

143. Exercice.

Traduisez les noms en les mettant aux cas indiqués (voir p. 151).

NOMINATIF	GÉNITIF	DATIF	ACCUSATIF
les têtes,	des visages,	aux cheveux,	les fronts,
les yeux,	des oreilles,	aux joues,	les nez,
les cous,	des langues,	aux dents,	les lèvres,
les jambes,	des genoux,	aux pieds,	les doigts de pieds.

144. Version.

1. Mein Vater kaufte meiner Schwester einen Ring. — 2. Diese Taschenuhren sind schön aber theuer. — 3. Meine Geldtasche ist in meinen Hosen. — 4. Diese Taschentücher gehören meinem Bruder. — 5. Der Knabe holte die Regenschirme, die Sonnenschirme und die Stöcke.

EXERCICE ORAL.

Was kaufte mein Vater? Mein Vater kaufte, u. s. w.
Qu' acheta mon père? Mon père acheta, etc.

[29e LEÇON]

60. Pluriel des noms en el, en, er. — Contrairement à la règle générale, les noms *masculins* et *neutres* terminés en **el, en, er** ne prennent pas de terminaison au pluriel, sauf au datif où ils prennent un **n**.

Ex.: L'oncle, **der Onkel**; les oncles, **die Onkel**; aux oncles, **den Onkeln.**

La fenêtre, **das Fenster**; les fenêtres, **die Fenster**; aux fenêtres, **den Fenstern.**

Remarque.— Les noms terminés au nominatif par **n** ne prennent pas d'**n** au datif pluriel.

Ex : la jeune fille, das Mädchen; *dat. plur.* : den **Mädchen.**

---

145. Exercice.

Traduisez; dites le genre, le nombre et le cas des noms.

1. Der Mauer. — 2. Diese Dächer. — 3. Deinem Zimmer. — 4. Unseren Tischen. — 5. Eurer Stühle. — 6. Des Bettes. — 7. Den Schränken. — 8. Unserm Spiegel. — 9. Diese Uhren. — 10. Jener Höfe. — 11. Eures Gartens. — 12. Ihren Pulten. — 13. Deiner Bücher.

146. Thème.

1. Ces bagues sont très chères. — 2. Mon père a acheté une montre. — 3. Nous avons des cannes. — 4. Montrez votre porte-monnaie. — 5. Nos parapluies sont très beaux. — 6. Ma sœur Marthe avait un parasol. — 7. J'ai une épingle dans (in, *dat.*) ma cravate. — 8. As-tu ton mouchoir, Geoffroy?

[29e LEÇON]

Déclinaison des noms en el, en, er.

PLURIEL

Nom.	die Onkel,	les oncles.	die Fenster,	les fenêtres.
Gén.	der Onkel,	des oncles.	der Fenster,	des fenêtres.
Dat.	den Onkel**n**,	aux oncles.	den Fenster**n**,	aux fenêtres.
Acc.	die Onkel,	les oncles.	die Fenster,	les fenêtres.

---

147. Exercice.

Déclinez sur les modèles ci-dessus (voy. singulier, page 129).

dein Bruder, ton frère, — dieses Mädchen, cette jeune fille.
euer Esel, votre âne, — ihr Zimmer, leur chambre,
sein Mantel, son manteau, — unser Garten, notre jardin.

148. Was die Thiere fressen. Ce que les animaux mangent.

Die Schafe fressen Gras,
Les brebis mangent de l'herbe,
Die Raben speisen Aas,
Les corbeaux mangent de la charogne,
Die Störche haschen Schlangen,
Les cigognes happent des serpents,
Die Katzen Mäuse fangen,
Les chats (des) souris prennent,
Die Kuh frißt Heu und Stroh,
La vache mange (du) foin et (de la) paille,
Ein Korn macht' s Spätzlein froh,
Un grain fait le petit moineau joyeux,
Die Staare fressen Spinnen,
Les sansonnets mangent des araignées,
Die Ente schlürft aus Rinnen.
Le canard barbote dans les rigoles.

[29e LEÇON]

Das Obst. Les fruits.

Der Apfel ist eine wohlschmeckende Frucht.

La pomme est un savoureux fruit.

Ich esse gern eine Birne zum Nachtisch.

J'aime à manger une poire pour le dessert.

Aus der Traube macht man Wein.

Avec le raisin fait on du vin.

Die Nuß hat eine Schale.

La noix a une coquille.

Die Kinder essen gern Kirschen.

Les enfants aiment (les) cerises.

Die Aprikosen reifen im Juli.

Les abricots mûrissent en juillet.

TRENTIÈME LEÇON

Andere Gegenstände. Autres objets (*suite*).

der Kamm ("e),	le peigne.	grob,	grossier.
die Bürste (n),	la brosse.	fein,	fin.
das Messer (-),	le couteau.	kämmen,	peigner.
das Federmesser (-),	le canif.	waschen,	laver.
das Tuch ("er),	le drap.	Moritz,	Maurice.
die Tasche (n),	la poche.	Lucia,	Lucie.

---

149. Exercice.

Traduisez les noms suivants en les mettant aux cas indiqués :

NOMINATIF	GÉNITIF	DATIF	ACCUSATIF
les habits,	de la chemise,	aux chapeaux,	les casquettes,
les cravates,	des gants,	à la jaquette,	les gilets,
les souliers,	des bottes,	aux bas,	les robes,
les mouchoirs,	des montres,	au porte-monnaie,	les parapluies.

150. Version.

1. Diese Kämme sind sehr fein. — 2. Dein Bruder bürstet seine Kleider. — 3. Mein Messer und mein Federmesser sind in (dans) der Tasche meiner Weste. — 4. Das Tuch deiner Jacke ist sehr grob. — 5. Meine Handschuhe sind neu.

EXERCICE ORAL.

Wie sind diese Kämme? Diese Kämme sind, u.s.w.
Comment sont ces peignes? Ces peignes sont, etc.

[30e LEÇON]

61. Noms féminins en e, el, er.

— Les noms *féminins* en **e, el, er** prennent à tous les cas du pluriel **n**, au lieu de **en**.

Ex.: La nièce, die Nichte ; *plur.* **die Nichten.**
La sœur, die Schwester ; *plur.* **die Schwestern.**

REMARQUE.—**Mutter** et **Tochter** prennent au pluriel l'*inflexion* et un **n** au datif.

Ex. :	les mères,	die Mütter ;	*datif*	den **Müttern.**
	les filles,	die Töchter ;	—	den **Töchtern.**

---

151. Exercice.

Traduisez; dites le genre, le nombre et le cas des noms :

1. Den Köpfen. — **2.** Die Gesichter. — **3.** Seiner Haare. — **4.** Dem Auge. — **5.** Des Ohres. — **6.** Deine Wangen. — **7.** Der Nase. — **8.** Des Mundes. — **9.** Den Lippen. — **10.** Die Hälse. — **11.** Der Schulter. — **12.** Den Armen. — **13.** Der Hand. — **14.** Den Fingern. — **15.** Die Nägel. — **16.** Der Brust. — **17.** Die Herzen. — **18.** Dem Rücken. — **19.** Der Beine. — **20.** Des Knies.

152. Thème.

1. La robe de ma sœur est très belle. — **2.** Ma tante a acheté à ma cousine un manteau. — **3.** La femme avait un bonnet sur (auf, *dat.*) la tête. — **4.** Ta mère a acheté à ton frère six mouchoirs. — **5.** Brosse ta jaquette et ton pantalon. — **6.** Ces bottes appartiennent à mon père. — **7.** Je peigne mes cheveux avec (mit, *dat.*) ce peigne. — **8.** Ces couteaux sont bon marché.

[30e LEÇON]

Modèle des noms féminins en e, el, er.

PLURIEL

Nom.	die Basen, les cousines.	die Schwestern, les sœurs.
Gén.	der Basen, des cousines.	der Schwestern, des sœurs.
Dat.	den Basen, aux cousines.	den Schwestern, aux sœurs.
Acc.	die Basen, les cousines.	die Schwestern, les sœurs.

---

153. Exercice.

Déclinez sur le modèle ci-dessus (Voy. singulier p. 129).

diese Treppe, cet escalier,	eure Landkarte, votre carte,
ihre Schultafel, leur tableau noir,	meine Feder, ma plume,
unsere Küche, notre cuisine,	deine Schulter, ton épaule.

154. Eigenschaften. Qualités.

Der Hund ist treu, das Reh ist scheu,
Le chien est fidèle, le chevreuil est timide,
Der Bock ist keck, träg' ist die Schnecke,
Le bouc est hardi, paresseux est l' escargot,
Der Fisch ist stumm, die Gans ist dumm,
Le poisson est muet, l' oie est sotte,
Der Fuchs ist schlau, die Maus ist grau,
Le renard est rusé, la souris est grise,
Hart ist der Stein, der Zwerg ist klein,
Dure est la pierre, le nain est petit,
Das Blei ist schwer, tief ist das Meer,
Le plomb est lourd, profonde est la mer,
Der Schnee ist weiß, das Feuer ist heiß,
La neige est blanche, le feu est brûlant,
Der Pudel ist kraus, mein Vers ist aus.
Le caniche est crépu, mon vers est fini.

[30e LEÇON]

Obst und Gemüse. Fruits et Légumes.

Die Pflaumen sind Steinobst.
Les prunes sont des fruits à noyaux.

Die Himbeeren sind roth.
Les framboises sont rouges.

Die Erdbeere ist sehr schmackhaft.
La fraise est très savoureuse.

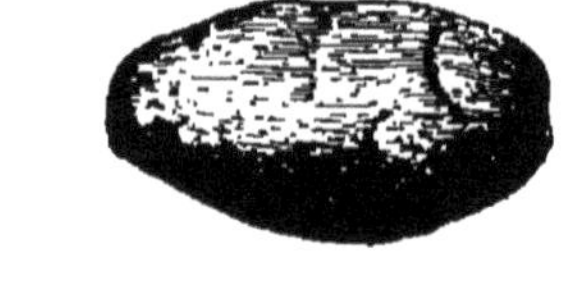

Die Kartoffeln sind das Brot des Armen.
Les pommes de terre sont le pain du pauvre.

Die weiße Rübe wird auf dem Feld gepflanzt.
Le navet est cultivé dans les champs.

Die gelbe Rübe ist ein nützliches Gemüse.
La carotte est un utile légume.

TRENTE ET UNIÈME LEÇON

Die Stadt. La ville.

der Platz ("e),	la place.	gerade,	droit.
die Straße (n),	la rue.	krumm,	tortueux.
das Rathhaus ("ser),	l'hôtel de ville.	bauen,	bâtir.
das Theater (-),	le théâtre.	wohnen,	demeurer.
das Schloß ("sser),	le château.	Lorenz,	Laurent.
die Kirche (n),	l'église.	Sophia,	Sophie.

155. Exercice.

Traduisez les noms suivants en les mettant aux cas indiqués.

NOMINATIF.	GÉNITIF.	DATIF.	ACCUSATIF.
le gant,	de la cravate,	à la casquette,	la jaquette,
les pantalons,	des manteaux,	aux robes,	les bottes,
les épingles,	des montres,	aux bas,	les souliers,
les cannes.	des ombrelles,	aux couteaux,	les canifs,
les rues,	des places,	à l'hôtel de ville.	les théâtres.

156. Version.

1. Diese Straßen sind breit und gerade. — 2. Das Rathhaus ist auf (sur) dem Platze bei (près de) dem Theater. — 3. Die Kirche ist hoch. — 4. Sein Großvater hat dieses Schloß gebaut. — 5. Lorenz und Sophia wohnen in einer Stadt.

EXERCICE ORAL.

Wie sind die Straßen? Die Straßen sind, u.s.w.
Comment sont les rues? Les rues sont, etc.

[31e LEÇON]

62. Pluriel des noms masculins en e. — Les noms *masculins* en **e**, qui désignent un *être animé*, ont **en** à tous les cas du *pluriel*.

Ex.: Le garçon, der Knabe, *plur.* die **Knaben.**

---

157. Exercice.

Traduisez; dites le genre, le nombre et le cas des noms.

1. Den Kleidern. — **2.** Dem Hund. — **3.** Dieser Hüte. — **4.** Ihre Mützen. — **5.** Deiner Handschuhe. — **6.** Seiner Halsbinde. — **7.** Unsere Jacken. — **8.** Deiner Hosen. — **9.** Seinen Schuhen. — **10.** Ihre Strümpfe. — **11.** Jener Mäntel. — **12.** Euren Taschentüchern. **13.** Diesen Stecknadeln. — **14.** Welche Ringe.

158. Thème.

1. Ces montres sont très belles. — **2.** Les bagues de mes cousines sont très chères. — **3.** J'ai montré mon porte-monnaie à ton frère. —**4.** Ces peignes sont très fins. — **5.** Mon canif est dans (in, *dat.*) ma poche. — **6.** Le drap des jaquettes et des gilets est gris ou bleu. — **7.** Où sont mes bas et mes souliers? — Ils sont dans (in, *dat.*) ta chambre, sous (unter, *dat.*) ton lit. — **8.** Nous demeurons sur la place près de (bei, *dat.*) l'église. — **9.** Notre grand-père a bâti cette maison. — **10.** J'irai demain au (in das) théâtre.

[31e LEÇON]

Déclinaison des noms en e.

SINGULIER

Nom.	der Knab **e**,	le garçon,	die Knab **en**,	les garçons.
Gén.	des Knab **en**,	du garçon,	der Knab **en**,	des garçons.
Dat.	dem Knab **en**,	au garçon,	den Knab **en**,	aux garçons,
Acc.	den Knab **en**,	le garçon,	die Knab **en**,	les garçons.

---

159. Exercice.

Déclinez sur les modèles ci-dessus.

mein Neffe, mon neveu, dieser Löwe, ce lion,
dieser Affe, ce singe, jener Hase, ce lièvre-là.

160. Conversation.

Die Knaben ringen, die Rehe springen,
Les garçons luttent, les chevreuils bondissent,
Die Vögel fliegen, die Schlangen kriechen,
Les oiseaux volent, les serpents rampent,
Die Adler schweben, die Spinnen weben,
Les aigles planent, les araignées tissent,
Die Lämmer hüpfen, die Mäuse schlüpfen,
Les agneaux bondissent, les souris se glissent,
Die Gemsen klimmen, die Fische schwimmen,
Les chamois grimpent, les poissons nagent,
Die Lerchen singen, die Glöcklein klingen,
Les alouettes chantent, les clochettes résonnent,
Die Tauben girren, die Käfer schwirren,
Les pigeons roucoulent, les insectes bourdonnent,
Die Mücklein surren, die Hunde knurren.
Les moucherons bourdonnent, les chiens grognent.

[31e LEÇON]

Das Gemüse. Les légumes.

Der Bauer pflanzt den Kohl auf dem Felde.
Le paysan cultive le chou dans les champs.

Der Blumenkohl ist ein Wintergemüse.
Le chou-fleur est un légume d'hiver.

Den Salat ißt man roh mit Oel und Essig.
La salade mange-t-on crue à (l')huile et (au) vinaigre.

Der Gärtner pflanzt den Spinat in den Gärten.
Le jardinier cultive les épinards dans les jardins.

Man ißt die Radieschen mit Butter und Salz.
On mange les radis avec (du) beurre et (du) sel.

Wir essen die Spargel mit Sauce.
Nous mangeons les asperges à (la) sauce.

TRENTE-DEUXIÈME LEÇON

Die Stadt. La ville (*suite*).

der Markt ("e),	le marché.	prächtig,	magnifique.
die Post,	la poste.	reinlich,	propre.
der Gasthof ("e),	l'hôtel.	pflegen,	soigner.
die Kaserne (n),	la caserne.	logieren,	loger.
das Spital ("er),	l'hôpital.	Stephan,	Étienne.
das Gefängniß (ſſe),	la prison.	Stephanie,	Étiennette.

---

161. Exercice.

Traduisez les noms suivants en les mettant au cas indiqué.

NOMINATIF	GÉNITIF	DATIF	ACCUSATIF
mes neveux,	de mes nièces,	à mes cousines,	les gens,
ces vieillards,	des institutrices,	aux demoiselles,	le jeune homme,
ces garçons,	de nos oncles,	aux professeurs,	les écolières,
ces jeunes filles,	des petites-filles,	aux mères,	les parents.

162. Version.

1. Die Post ist bei (près de) dem Markt. — 2. Wir logieren in einem Gasthof. — 3. Die Kasernen sind groß. — 4. Hinter (derrière) dem Spital ist das Gefängniß. — 5. Die Straßen unserer Stadt sind reinlich, breit und gerade.

EXERCICE ORAL.

Wo ist die Post?	Die Post ist, u. s. w.
Où est la poste?	La poste est, etc.

63. **Nicht ſo ... als.** — Le comparatif *d'infériorité*, exprimé en français par *moins ... que*, se traduit en allemand par **nicht ſo ... als** (pas aussi ... que).

Ex.: Il est *moins* riche *que* son frère (*tourn.* : il n'est *pas aussi* riche que *son* frère),	er iſt **nicht ſo** reich **als** ſein Bruder.

64. **So ... als.** — Le comparatif *d'égalité*, exprimé en français par *aussi ... que*, se traduit en allemand par **ſo ... als.**

Ex.: Il est *aussi* riche *que* son ami,	er iſt **ſo** reich **als** ſein Freund.

---

163. Exercice.

Traduisez; indiquez le degré de signification.

nicht ſo alt als,	ſo jung als,
ſo klein als,	nicht ſo ſtark als,
nicht ſo artig als,	ſo fleißig als,
ſo gelehrt als,	nicht ſo zufrieden als.

164. Thème.

Traduisez en mettant l'adjectif au degré de signification convenable.

1. Le marché est moins grand que la place. — 2. Cet hôtel est aussi beau que la poste. — 3. Le théâtre n'est pas aussi haut que l'église. — 4. L'hôtel de ville est moins sombre que la prison. — 5. La rue est moins large que la place. — 6. Charles est aussi savant que son frère. — 7. Il est aussi âgé que toi (tu).

[32e LEÇON]

Verbe impersonnel **regnen**, pleuvoir.

INDICATIF PRÉSENT.

es regnet, il pleut.

IMPARFAIT.

es regnete, il pleuvait *ou* plut.

IMPÉRATIF.

es regne, qu'il pleuve.

---

165. Exercice.

Conjuguez sur le modèle ci-dessus

es donnert, il tonne, es hagelt, il grêle,
es blitzt, il fait des éclairs, es schneit, il neige.

166. Die Farben. Les couleurs.

Der Schnee ist weiß, die Milch ist weiß,
La neige est blanche, le lait est blanc,
Die Kohle ist schwarz, der Mohr ist schwarz,
Le charbon est noir, le nègre est noir,
Das Gold ist gelb, der Kanarienvogel ist gelb,
L' or est jaune, le canari est jaune,
Der Esel ist grau, die Asche ist grau,
L' âne est gris, les cendres sont grises,
Das Gras ist grün, das Laub ist grün,
L' herbe est verte, le feuillage est vert,
Der Himmel ist blau, das Veilchen ist blau,
Le ciel est bleu, la violette est bleue,
Das Blut ist roth, die Rose ist roth,
Le sang est rouge, la rose est rouge,
Die Kastanie ist braun, viele Pferde sind braun.
La châtaigne est brune, beaucoup de chevaux sont bruns (bais).

[32e LEÇON]

Die Stadt. La ville.

Die Stadt ist groß und schön.
La ville est grande et belle.

Das Dorf ist klein.
Le village est petit.

Der Thurm der Kirche ist hoch.
Le clocher de l'église est haut.

Bei der Kirche ist das Rathhaus.
Près de l'église est l'hôtel de ville.

Die Reisenden logieren in dem Gasthof.
Les voyageurs logent à l'hôtel.

Die Soldaten sind in der Kaserne.
Les soldats sont à la caserne.

TRENTE-TROISIÈME LEÇON

Die Stadt. La ville (*suite*).

der Laden (″-),	le magasin.	fremd,	étranger.
das Gäßchen (-),	la ruelle.	volkreich,	populeux.
der Bahnhof (″e),	la gare.	führen,	conduire.
die Eisenbahn (en),	le chemin de fer.	fahren,	aller (en voiture).
das Thor (e),	la porte.	Dietrich,	Thierry.
die Brücke (en),	le pont.	Susanna,	Suzanne.

167. Exercice.

Traduisez en mettant les noms aux cas indiqués :

NOMINATIF	GÉNITIF	DATIF	ACCUSATIF
les animaux,	des chevaux,	aux ânes,	les agneaux,
les chèvres,	des veaux,	aux brebis,	les chats,
les lions,	des porcs,	aux chiens,	les loups,
les renards,	des sangliers,	aux chevreuils,	les singes.

168. Version.

1. Die Läden dieser Straße sind prächtig. — 2. Der Bahnhof ist bei (près de) der Kaserne. — 3. Wir fahren mit (avec) der Eisenbahn über (par dessus) eine Brücke. — 4. Die Thore dieser Stadt sind breit. — 5. Das Gäßchen war schmutzig und krumm. — 6. Ich führte das Kind in (dans) die Schule.

EXERCICE ORAL.

Wie sind die Läden?	Die Läden sind, u. s. w.
Comment sont les magasins?	Les magasins sont, etc.

[33e LEÇON]

65. **Comparatif en er.** — Le comparatif *de supériorité*, exprimé en français par *plus ... que*, se forme en allemand en ajoutant à l'adjectif la terminaison **er**; *que* se traduit par **als.**

Ex. : Il est *plus* appliqué que toi, — er ist fleißig**er** **als** du.

66. **Inflexion.** — Quelques adjectifs monosyllabiques prennent, outre la terminaison **er**, l'inflexion sur les voyelles **a**, **o**, **u.**

Ex. : Jung, jeune; **jünger**, plus jeune.
Groß, grand; **größer**, plus grand.

---

169. Exercice.

Traduisez en indiquant le degré de signification.

nützlicher als...	wachsamer als...
nicht so falsch als...	nicht so dumm als...
so muthig als...	so grausam als...
nicht so flink als...	schlauer als...

170. Thème.

Traduisez en mettant l'adjectif au degré de signification.

1. La gare est plus belle que la poste. — 2. Les portes de la ville sont plus larges que la porte de notre maison. — 3. Le pont n'est pas aussi large que la rue. — 4. L'hôpital est plus grand que la caserne. — 5. L'hôtel de ville est moins beau que le château. — 6. La rue est plus propre que la ruelle. — 7. Le théâtre n'est pas aussi magnifique que le château.

[33e LEÇON]

Verbe impersonnel **regnen**, pleuvoir.

PASSÉ INDÉFINI.		PLUS-QUE-PARFAIT.	
es hat geregnet,	il a plu.	es hatte geregnet,	il avait plu.

FUTUR.

es wird regnen, il pleuvra.

---

171. Exercice.

Traduisez en mettant les verbes au temps convenable.

1. Il a tonné. — **2.** Il avait grêlé. — **3.** Il neigera. — **4.** Nous travaillions. — **5.** Ils rirent. — **6.** Nous avons acheté. — **7.** Ils avaient blâmé. — **8.** Il (neut.) interrogeait. — **9.** Punissez. — **10.** Vous apprendrez. — **11.** Il raconta. — **12.** Elles calculèrent. — **13.** Ils vendirent. — **14.** Nous respirons. — **15.** Tu répondras.

172. Die Stoffe. Les matières.

Der Thaler ist von Silber,
Le thaler est en argent,
Der Kessel ist von Kupfer,
Le chaudron est en cuivre,
Von Stahl ist die Feder,
En acier est la plume,
Der Schuh ist von Leder,
Le soulier est en cuir,
Von Gold sind die Dukaten,
En or sont les ducats,
Aus Holz ist der Kasten,
En bois est le coffre,
Das Tuch ist von Wolle,
Le drap est en laine,
Aus Glas ist die Flasche,
En verre est la bouteille.

[33e LEÇON]

Die Stadt. La ville (*suite*).

In dem Spital pflegt man die Kranken.

A l'hôpital soigne-t-on les malades.

Die Verbrecher sind in dem Gefängniß.

Les criminels sont en prison.

In den Läden verkauft man allerlei Waaren.

Dans les magasins vend on toutes sortes de marchandises.

Eine Brücke führt über den Fluß.

Un pont passe sur le fleuve.

Unser Bahnhof ist groß und schön.

Notre gare est grande et belle.

Wir fahren mit der Eisenbahn oder in einem Wagen.

Nous allons en chemin de fer ou en voiture.

REVISION DES VOCABULAIRES

Le Lycée. L'École. Das Gymnasium. Die Schule.

le professeur,	der Lehrer (-).	l'institutrice,	die Lehrerin (nen).
l'élève,	der Schüler (-).	l'écolière,	die Schülerin (nen).
la salle de classe,	der Schulsaal (äle).	le tableau noir,	die Schultafel (n).
le poêle,	der Ofen ("-).	la carte,	die Landkarte (n).
le pupitre,	das Pult (e).	le banc,	die Bank ("e).
le livre,	das Buch ("er).	le cahier,	das Heft (e).
l'encrier,	das Tintenfaß ("sser).	l'encre,	die Tinte (n).
le papier,	das Papier (e).	la plume,	die Feder (n).
le crayon,	der Bleistift (e).	la règle,	das Lineal (e).
l'éponge,	der Schwamm ("e).	la craie,	die Kreide.
le devoir,	die Aufgabe (n).	la leçon,	die Lection (en).
la lettre,	der Brief (e).	l'histoire,	die Geschichte (n).
le mot,	das Wort ("er).	la faute,	der Fehler (-).

Les parties du corps. Die Theile des Körpers.

la tête,	der Kopf ("e).	le visage,	das Gesicht (er).
le cheveu,	das Haar (e).	le front,	die Stirn (en).
l'œil,	das Auge (n).	l'oreille,	das Ohr (en).
la joue,	die Wange (n).	le nez,	die Nase (n).
la bouche,	der Mund ("e).	la langue,	die Zunge (n).
la dent,	der Zahn ("e).	la lèvre,	die Lippe (n).
le cou,	der Hals ("e).	l'épaule,	die Schulter (n).
le bras,	der Arm (e).	la main,	die Hand ("e).
le doigt,	der Finger (-).	l'ongle,	der Nagel ("-).
la poitrine,	die Brust ("e).	le cœur,	das Herz (en).
le dos,	der Rücken (-).	le ventre,	der Bauch ("e).
la jambe,	das Bein (e).	le genou,	das Knie (e).
le pied,	der Fuß ("e).	l'orteil,	die Zehe (n).

REVISION DES VOCABULAIRES

Les vêtements. Die Kleidungsstücke.

l'habit,	das Kleid (er).	la chemise,	das Hemd (en).
le chapeau,	der Hut ("e).	la casquette,	die Mütze (n).
le gant,	der Handschuh (e).	la cravate,	die Halsbinde (n).
la jaquette,	die Jacke (n).	le gilet,	die Weste (n).
le pantalon,	die Hosen (*plur*).	la botte,	der Stiefel (-).
le soulier,	der Schuh (e).	le bas,	der Strumpf ("e).
la robe,	der Rock ("e).	le manteau,	der Mantel ("-).
le bonnet,	die Haube (n).	le tablier,	die Schürze (n).
le mouchoir,	das Taschentuch ("er).	l'épingle,	die Stecknadel (n).
la bague,	der Ring (e).	la montre,	die Taschenuhr (en).
la canne,	der Stock ("e).	le porte-monnaie,	die Geldtasche (n).
le parapluie,	der Regenschirm (e).	l'ombrelle,	der Sonnenschirm (e).
le peigne,	der Kamm ("e).	la brosse,	die Bürste (n).
le couteau,	das Messer (-).	le canif,	das Federmesser (-).
le drap,	das Tuch ("er).	la poche,	die Tasche (n).

La ville. Die Stadt.

la place,	der Platz ("e).	la rue,	die Straße (n).
l'hôtel de ville,	das Rathhaus ("er).	le théâtre,	das Theater (-).
le château,	das Schloß ("sser).	l'église,	die Kirche (n).
le marché,	der Markt ("e).	la poste,	die Post.
l'hôtel,	der Gasthof ("e).	la caserne,	die Kaserne (n).
l'hôpital,	das Spital ("er).	la prison,	das Gefängniß (sse).
le magasin,	der Laden ("-).	la ruelle,	das Gäßchen (-).
la gare,	der Bahnhof ("e).	le chemin de fer,	die Eisenbahn (en).
la porte,	das Thor (e).	le pont,	die Brücke (n).

Noms d'hommes. Männernamen.

Geoffroy,	Gottfried.	Frédéric,	Friedrich.
Bernard,	Bernhard.	Henri,	Heinrich.
Jacques,	Jakob.	Jules,	Julius.
Edmond,	Edmund.	Pierre,	Peter.
Clément,	Klemenz.	Maurice,	Moritz.
Georges,	Georg.	Laurent,	Lorenz.
Léon,	Leo.	Étienne,	Stephan.
Michel,	Michael.	Thierry,	Dietrich.

REVISION DES VOCABULAIRES

Noms de femmes. Weibernamen.

Blanche,	Blanka.	Marguerite,	Margaretha.
Amélie,	Amalie.	Marie,	Maria.
Adélaïde,	Adelheid.	Julie,	Julia.
Dorothée,	Dorothea.	Marthe,	Martha.
Victoire,	Victoria.	Lucie,	Lucia.
Geneviève,	Genovefa.	Sophie,	Sophie.
Claire,	Klara.	Étiennette,	Stephanie.
Madeleine,	Magdalena.	Suzanne,	Suſanna.

Adjectifs. Eigenſchaftswörter.

obéissant,	gehorſam.	attentif,	aufmerkſam.
savant,	gelehrt.	sévère,	ſtreng.
neuf,	neu.	ouvert,	offen.
épais,	dick.	mince,	dünn.
noir,	ſchwarz (″).	blanc,	weiß.
rouge,	roth.	bleu,	blau.
gris,	grau.	jaune,	gelb.
brun,	braun.	blond,	blond.
long,	lang (″).	bref,	kurz.
beau,	ſchön.	fini,	fertig.
pâle,	blaß.	laid,	häßlich.
raide,	ſteif.	paralysé,	lahm.
joli,	hübſch.	mignon,	niedlich.
étroit,	eng.	large, ample,	weit.
commode,	bequem.	sale,	ſchmutzig.
cher,	theuer.	bon marché,	wohlfeil.
grossier,	grob (″).	fin,	fein.
droit,	gerade.	tortueux,	krumm.
magnifique,	prächtig.	propre,	reinlich.
étranger,	fremd.	populeux,	volkreich.

REVISION DES VOCABULAIRES

Verbes. Zeitwörter.

aimer,	lieben.	travailler,	arbeiten.
rire,	lachen.	pleurer,	weinen.
acheter,	kaufen.	vendre,	verkaufen.
louer,	loben.	blâmer,	tadeln.
interroger,	fragen.	répondre,	antworten.
récompenser,	belohnen.	punir,	strafen.
faire,	machen.	lire,	lesen.
apprendre,	lernen.	raconter,	erzählen.
calculer,	rechnen.	compter,	zählen.
vivre.	leben.	respirer,	athmen.
entendre,	hören.	voir,	sehen.
parler,	reden.	ouvrir,	öffnen.
jouer,	spielen.	bavarder,	plaudern.
écrire,	schreiben.	dessiner,	zeichnen.
aller,	gehen.	sauter,	springen.
protéger,	schützen.	porter,	tragen.
coudre,	nähen.	tricoter,	stricken.
brosser,	bürsten.	appartenir,	gehören.
aller chercher,	holen.	montrer,	zeigen.
peigner,	kämmen.	laver,	waschen.
bâtir,	bauen.	demeurer,	wohnen.
soigner,	pflegen.	loger,	logieren.
conduire,	führen.	aller en voiture,	fahren.

Autres mots. Andere Wörter.

oui,	ja.	non,	nein.
où,	wo.	ici,	hier.
voici,	hier ist.	voilà,	da ist.
dans,	in.	sur,	auf.
avec,	mit.	près de,	bei.
derrière,	hinter.	devant,	vor.
sous,	unter.	sur, au-dessus,	über.

REVISION MÉTHODIQUE

DES RÈGLES DE GRAMMAIRE.

RÈGLES DE CONSTRUCTION

1. Construction directe. — Lorsque le verbe de la proposition *principale* est à un temps *simple*, l'ordre des termes est le même qu'en français : 1° sujet; 2° verbe; 3° attribut ou complément.

Ex. : Je suis jeune, ich bin jung.
Charles a un livre, Karl hat ein Buch.

2. Rejet de l'infinitif et du participe passé. — L'*infinitif* et le *participe passé* se rejettent toujours *à la fin* de la proposition.

Ex. : J'ai *été* malade (*tournez* : je *suis* malade *été*), ich **bin** krank **gewesen.**
J'irai avec mon père à Paris (*tourn.* : je *vais* avec mon père à Paris *aller*), ich **werde** mit meinem Vater nach Paris **gehen.**

L'ARTICLE

3. Article défini et article indéfini. — La langue allemande a deux articles : l'article *défini* et l'article *indéfini.*

Article défini.

MASCULIN.	FÉMININ.	NEUTRE.
der	**die**	**das**
le	la	le *ou* la

Article indéfini.

MASCULIN.	FÉMININ.	NEUTRE.
ein	**eine**	**ein**
un	une	un *ou* une

4. Déclinaison de l'article der, die, das.

	MASCULIN.	FÉMININ.	NEUTRE.	PL. DES 3 GENRES.
Nom.	**der,** le.	**die,** la.	**das,** le.	**die,** les.
Gén.	**des,** du.	**der,** de la.	**des,** du.	**der,** les.
Dat.	**dem,** au.	**der,** à la.	**dem,** au.	**den,** aux.
Acc.	**den,** le.	**die,** la.	**das,** le.	**die,** les.

5. Déclinaison de l'article indéfini ein, eine, ein.

	MASCULIN.	FÉMININ.	NEUTRE.
Nom.	ein, un.	eine, une.	ein, un.
Gén.	eines, d'un.	einer, d'une.	eines, d'un.
Dat.	einem, à un.	einer, à une.	einem, à un.
Acc.	einen, un.	eine, une.	ein, un.

L'article indéfini **ein** n'a pas de pluriel.

6. Du, de la, des. — *Du*, *de la*, *des* ne se traduisent pas, quand ils se rapportent à un nom *sujet* ou complément *direct*.

Ex. : *Des* brebis (*traduisez :* brebis), Schafe.
J'ai *du* pain (*trad. :* j'ai pain), ich habe Brot.

LE NOM

7. Majuscules. — Tous les noms allemands prennent une *majuscule*.

Ex. : Le frère, der Bruder.
La sœur, die Schwester.

CAS

8. Nominatif : sujet. — En allemand, le *sujet* s'appelle *nominatif*.

Ex. : *Le père* (sujet) est âgé, **der Vater** (nominatif) ist alt.

9. Génitif : complément du nom. — En allemand, le complément *du nom* s'appelle *génitif*.

Ex. : La maison *du père* (complément du nom), das Haus **des Vaters** (génitif).

10. Datif : complément indirect. — Le complément *indirect* du verbe s'appelle *datif.*

Ex. : J'obéis *à mon père* (complément indirect), ich gehorche mein**em** **Vater** (datif).

11. Accusatif : complément direct. — Le *complément* direct s'appelle *accusatif.*

Ex. : J'aime *mon père* (complément direct), ich liebe mein**en** **Vater** (accusatif).

DÉCLINAISON. SINGULIER

12. Génitif s. — Au *génitif* les noms *masculins* et *neutres* prennent la terminaison **s**, ou par euphonie **es**; les autres cas sont semblables au nominatif.

Ex. : La maison *du* père, das Haus des Vater**s**.
La fille de ce vieillard, die Tochter dieses Greis**es**.

13. Noms féminins invariables. — Les noms *féminins* restent *invariables* au singulier.

Ex. : L'enfant *de cette femme*, das Kind dieser **Frau**.
L'agneau *de ma sœur*, das Lamm meiner **Schwester**.

14. Déclinaison des noms avec der, die, das ou bien avec **dieser, jener**, etc.

	MASCULIN		NEUTRE	
Nom.	**der** Sohn,	le fils,	**das** Haus,	la maison,
Gén.	**des** Sohn**s**,	du fils,	**des** Hauf**es**,	de la maison,
Dat.	**dem** Sohn,	au fils,	**dem** Haus,	à la maison,
Acc.	**den** Sohn,	le fils.	**das** Haus,	la maison.

	FÉMININ	
Nom.	**die** Frau,	la femme,
Gén.	**der** Frau,	de la femme,
Dat.	**der** Frau,	à la femme,
Acc.	**die** Frau,	la femme.

15. Déclinaison des noms avec l'article indéfini ein, *ou* **mein, dein, sein,** etc.

	MASCULIN		NEUTRE	
N.	ein Sohn,	un fils,	ein Haus,	une maison,
G.	ein**es** Sohn**s**,	d'un fils,	ein**es** Haus**es**,	d'une maison,
D.	ein**em** Sohn,	à un fils,	ein**em** Haus,	à une maison,
A.	ein**en** Sohn,	un fils.	ein Haus,	une maison.

	FÉMININ	
Nom.	ein**e** Frau,	une femme,
Gén.	ein**er** Frau,	d'une femme,
Dat.	ein**er** Frau,	à une femme,
Acc.	ein**e** Frau,	une femme.

16. Terminaison en. — Les noms *masculins* en **e**, qui désignent un être *animé*, ont **en** pour terminaison à tous les cas, à partir du génitif.

	SINGULIER	
Nom.	der Knab**e**,	le garçon,
Gén.	des Knab**en**,	du garçon,
Dat.	dem Knab**en**,	au garçon,
Acc.	den Knab**en**,	le garçon.

PLURIEL.

17. Pluriel en e des noms masculins. — Les noms *masculins* prennent au pluriel **e**, avec *inflexion* de la voyelle radicale. Au datif seul ils ajoutent un **n.**

18. Pluriel en er des noms neutres. — Les noms *neutres* prennent au pluriel **er**, avec *inflexion* de la voyelle radicale. Au datif seul ils ajoutent un **n.**

19. Pluriel en en des noms féminins. — Les noms *féminins* prennent au pluriel **en**, sans inflexion de la voyelle radicale.

MODÈLES

	MASCULIN		NEUTRE	
Nom.	die Söhne,	les fils,	die Häuser,	les maisons,
Gén.	der Söhne,	des fils,	der Häuser,	des maisons,
Dat.	den Söhnen,	aux fils,	den Häusern,	aux maisons,
Acc.	die Söhne,	les fils.	die Häuser,	les maisons.

FÉMININ

Nom.	die Frauen,	les femmes,
Gén.	der Frauen,	des femmes,
Dat.	den Frauen,	aux femmes,
Acc.	die Frauen,	les femmes.

MODÈLES DE LA DÉCLINAISON DES NOMS

SINGULIER

	MASCULIN	FÉMININ	NEUTRE
Nom.	der Sohn,	diese Frau,	mein Haus,
	le fils,	cette femme,	ma maison,
Gén.	des Sohn **s**,	dieser Frau,	meines Haus **es**,
Dat.	dem Sohn,	dieser Frau,	meinem Haus,
Acc.	den Sohn,	diese Frau,	mein Haus.

PLURIEL

Nom.	die Söhn **e**,	diese Frau **en**,	meine Häus **er**,
Gén.	der Söhne,	dieser Frau **en**,	meiner Häus **er**,
Dat.	den Söhn **en**,	diesen Frau **en**,	meinen Häus **ern**,
Acc.	die Söhne,	diese Frau **en**,	meine Häus **er**.

REMARQUE. — I. Les noms *féminins* en **in** doublent le **n** avant de prendre **en**.

Ex. : die Lehrerin, l'institutrice ; *plur.* die Lehrer**innen**.

PLURIEL DES NOMS EN el, en, er.

20. Noms masculins et neutres en el, en, er. — Contrairement à la règle générale, les noms *masculins* et *neutres* terminés en **el, en, er,** ne prennent pas de terminaison au pluriel, sauf au datif où ils prennent un **n.**

Ex.: L'oncle, der Onkel; *plur.* die Onk**el,** les oncles; *dat.* den Onkel**n,** aux oncles.
La fenêtre, das Fenster; *plur.* die Fenst**er,** les fenêtres; *dat.* den Fenster**n,** aux fenêtres.

REMARQUE. — Les noms terminés au nominatif par **n,** ne prennent pas d'**n** au datif pluriel.

Ex.: la jeune fille, das Mädchen; *dat. plur.*: den Mädch**en.**

MODÈLES

	PLURIEL MASCULIN		PLURIEL NEUTRE	
Nom.	die Onkel,	les oncles,	die Fenster,	les fenêtres,
Gén.	der Onkel,	des oncles,	der Fenster,	des fenêtres,
Dat.	den Onkel **n,**	aux oncles,	den Fenster **n,**	aux fenêtres,
Acc.	die Onkel,	les oncles.	die Fenster,	les fenêtres.

21. Féminins en e, el, en, er. — Les noms *féminins* en **e, el, en, er,** prennent à tous les cas du pluriel **n,** au lieu de **en.**

Ex.: La nièce, die Nichte; *plur.* die Nichte**n.**
La sœur, die Schwester; *plur.* die Schwester**n.**

REMARQUE. — **Mutter** et **Tochter** prennent au pluriel l'*inflexion* et un **n** au datif.

Ex.:	les mères,	die Mütter;	*datif*	den Mütter**n.**
	les filles,	die Töchter;	—	den Töchter**n.**

MODÈLES

Nom.	die Base**n,**	les cousines,	die Schwester**n,**	les sœurs,
Gén.	der Base**n,**	des cousines,	der Schwester**n,**	des sœurs,
Dat.	den Base**n,**	aux cousines,	den Schwester**n,**	aux sœurs,
Acc.	die Base**n,**	les cousines.	die Schwester**n,**	les sœurs.

NOMS MASCULINS TERMINÉS EN e.

22. **Terminaison en.** — Les noms en e qui désignent un *être animé* sont terminés en **en** à tous les cas du *pluriel*.

Ex. : Le garçon, der Knabe; *plur*. die Knab**en**.

MODÈLE

	SINGULIER		PLURIEL	
Nom.	der Knab **e,**	le garçon,	die Knab **en,**	les garçons,
Gén.	des Knab **en,**	du garçon,	der Knab **en,**	des garçons,
Dat.	dem Knab **en,**	au garçon,	den Knab **en,**	aux garçons,
Acc.	den Knab **en,**	le garçon,	die Knab **en,**	les garçons.

L'ADJECTIF

23. **Adjectif attribut.** — L'adjectif *attribut* est toujours invariable.

Ex. : L'enfant est *petit*, das Kind ist **klein.**
Le fils et la fille sont *petits*, der Sohn und die Tochter sind **klein.**

COMPARATIFS

24. **Comparatif d'infériorité, nicht so ... als.** — Le comparatif *d'infériorité*, exprimé en français par *moins* ... *que*, se traduit en allemand par **nicht so ... als** (pas aussi ... que).

Ex. : Il est *moins* riche *que* son frère (*tourn. :* il *n*'est *pas aussi* riche que son frère), er ist **nicht so** reich **als** sein Bruder.

25. **Comparatif d'égalité, so ... als.** — Le comparatif *d'égalité*, exprimé en français par *aussi* ... *que*, se traduit en allemand par **so ... als.**

Ex. : Il est *aussi* riche *que* son ami, er ist **so** reich **als** sein Freund.

26. Comparatif de supériorité, er. — Le comparatif *de supériorité*, exprimé en français par *plus ... que*, se forme en allemand en ajoutant à l'adjectif la terminaison **er**; *que* se traduit par **als**.

Ex. : Il est *plus appliqué* que toi, er ist fleißig**er** **als** du.

27. Inflexion. — Quelques adjectifs monosyllabiques prennent, outre la terminaison **er**, l'inflexion sur les voyelles **a**, **o**, **u**.

Ex. : Jung, jeune ; jüng**er**, plus jeune.
Groß, grand ; grö**ß**er, plus grand.

NOMBRES CARDINAUX

28. — Les nombres *cardinaux* sont :

0 null.	10 **zehn**.	20 zwan**zig**.
1 eins.	11 elf.	21 ein und zwanzig.
2 zwei.	12 zwölf.	22 zwei und zwanzig.
3 drei.	13 drei**zehn**.	30 dreißig.
4 vier.	14 vierzehn.	40 vierzig.
5 fünf.	15 fünfzehn.	50 fünfzig.
6 sechs.	16 sechzehn.	60 sechzig.
7 sieben.	17 siebzehn.	70 siebzig.
8 acht.	18 achtzehn.	80 achtzig.
9 neun.	19 neunzehn.	90 neunzig.
	100 **hundert**.	1 000 **tausend**.

29. — Les dizaines se forment des unités par l'addition de la terminaison **zig**.

Ex. : vier, quatre ; vier**zig**, quarante.

REMARQUE. — Zwei devient zw**an**zig ; drei devient drei**ß**ig (avec ß).

30. — A partir de *vingt*, les unités s'énoncent toujours *avant* les dizaines, que l'on fait précéder de **und**, *et*.

Ex. : 32 (*tournez : deux et* trente), **zwei und** dreißig;
96 (*tournez : six et* nonante), **sechs und** neunzig.

31. — Lorsque **hundert**, *cent*, est suivi d'un autre nombre, on met **und**, *et*, entre les deux.

Ex. : 101, hundert **und** eins (100 *et* 1).
119, hundert **und** neunzehn (100 *et* 19).
483, vier hundert drei **und** achtzig (400, 3 et 80).
956, neun hundert sechs **und** fünfzig (900, 6 et 50).

ADJECTIFS DÉTERMINATIFS

32. **Dieser, jener, jeder, welcher.** — Les principaux adjectifs *déterminatifs*, se déclinent sur l'article **der, die, das.** Ce sont :

MASCULIN		FÉMININ		NEUTRE	
dies**er**,	ce...,	dies**e**,	cette,	dies**es**,	ce, cette,
jen**er**,	ce... là,	jen**e**,	cette... là,	jen**es**,	ce, cette... là,
jed**er**,	chaque,	jed**e**,	chaque,	jed**es**,	chaque,
welch**er** ?	quel ?	welch**e** ?	quelle ?	welch**es** ?	quel ?

ADJECTIFS POSSESSIFS

33. — Les adjectifs *possessifs* allemands sont :

MASCULIN	FÉMININ	NEUTRE	
mein,	meine,	mein,	mon, ma.
dein,	deine,	dein,	ton, ta.
sein,	seine,	sein,	son, sa.
unser,	unsere,	unser,	notre.
euer,	eure,	euer,	votre.
Ihr,	Ihre,	Ihr,	votre.
ihr,	ihre,	ihr,	leur.

REMARQUE. — Les adjectifs possessifs se déclinent au singulier sur l'article indéfini **ein, eine, ein,** et au pluriel sur l'article pluriel.

34. ***Leur fils* au lieu de *votre fils*.** — En allemand on emploie, par politesse, la *troisième* personne du pluriel, au lieu de la deuxième. Dans le même cas on emploie également l'adjectif possessif **Ihr,** *leur* (3e personne), au lieu de **euer,** votre (2e personne).

Ex.: *Votre* fils est appliqué (*tourn. : Leur* fils est appliqué), **Ihr** Sohn ist fleißig.
Avez-vous *vos* livres? (*tourn. :* ont-*Ils leurs* livres?), haben **Sie Ihre** Bücher?

REMARQUE. — L'adjectif **Ihr** prend dans ce cas une majuscule.

PRONOMS PERSONNELS

35. — Les pronoms *personnels* sont :

	SINGULIER	PLURIEL
1re *pers.*	ich, je, moi.	wir, nous.
2e *pers.*	du, tu, toi.	ihr *ou* Sie, vous.
3e *pers.*	er, sie, es, il, elle.	sie, ils, elles.

36. ***Ils sont* au lieu de *vous êtes*.** — En allemand, par politesse, ont dit : *Ils sont*, au lieu de *vous êtes*, c'est-à-dire on emploie la 3e personne du pluriel au lieu de la seconde.

Ex.: Monsieur, *vous êtes* heureux (*tourn. :* Monsieur, *Ils sont* heureux), mein Herr, **Sie sind** glücklich.

REMARQUE. — Dans ce cas **Sie** prend une majuscule.

LE VERBE

REMARQUES SUR LES VERBES.

37. Imparfait et passé défini. — La langue allemande n'a qu'un seul temps pour exprimer l'*imparfait* et le *passé défini* français.

Ex.: J'*étais* ou je *fus*, ich **war.**
Je *devenais* ou je *devins*, ich **wurde.**

38. Plus-que-parfait et passé antérieur. — De même l'allemand n'a qu'un seul temps pour exprimer le *plus-que-parfait* et le *passé antérieur*.

Ex. : J'*avais* été ou j'*eus* été heureux, ich **war** glücklich **gewesen**.

39. Passé indéfini. — Le *passé indéfini* des verbes allemands se forme, comme en français, de l'*indicatif présent* du verbe auxiliaire et du *participe passé* du verbe que l'on conjugue.

Ex. : J'*ai eu* de l'argent (*tourn.* : j'*ai* de l'argent *eu*), ich **habe** Geld **gehabt**.

40. Plus-que-parfait. — Le *plus-que-parfait* se forme de l'*imparfait* du verbe auxiliaire et du *participe passé* du verbe que l'on conjugue.

Ex. : Tu *avais acheté* des livres (*tourn.* : tu *avais* des livres *acheté*), du **hattest** Bücher **gekauft**.

41. Futur. — Le *futur* des verbes allemands se forme de ich **werde**, du **wirst**, etc. (page 21) et de l'*infinitif* du verbe que l'on conjugue.

Ex. : Il *deviendra* très appliqué (*tourn.* : il *va* très appliqué *devenir*), er **wird** sehr fleißig **werden**.

VERBES AUXILIAIRES

Verbe **sein**, être.

42. *Je suis été*. — En allemand, le verbe *être* se sert d'auxiliaire à lui-même. On dit :

Je *suis* été (et non j'*ai* été), **ich bin** gewesen.
J'*étais* été (et non j'*avais* été), **ich war** gewesen.

INFINITIF PRÉSENT.

sein, être.

PARTICIPE PASSÉ.

gewesen, été.

INDICATIF PRÉSENT.

ich bin, je suis (sage), etc.
du bist,
er ist,
wir sind, (artig)
ihr seid,
sie sind.

PASSÉ INDÉFINI.

ich bin
du bist
er ist
wir sind
ihr seid
sie sind
} j'ai été (sage), etc. (artig) **gewesen.**

IMPARFAIT.

ich war, j'étais *ou* je fus (sage), etc.
du warst,
er war,
wir waren, (artig)
ihr waret,
sie waren.

PLUS-QUE-PARFAIT.

ich war
du warst
er war
wir waren
ihr waret
sie waren
} j'avais été *ou* j'eus été (sage), etc. (artig) **gewesen.**

IMPÉRATIF.

sei, sois (sage), etc.
sei er,
seien wir (artig)
seid,
seien sie.

FUTUR.

ich werde
du wirst
er wird
wir werden
ihr werdet
sie werden
} je serai (sage), etc. (artig) **sein.**

43. — Verbe **werden**, devenir.

INFINITIF PRÉSENT.

werden, devenir.

PARTICIPE PASSÉ.

geworden, devenu.

INDICATIF PRÉSENT.

ich werde, je deviens (malade), etc.
du wirst,
er wird,
wir werden, (krank)
ihr werdet,
sie werden.

PASSÉ INDÉFINI.

ich bin
du bist
er ist
wir sind
ihr seid
sie sind
} je suis devenu (malade), etc. (krank) **geworden.**

IMPARFAIT.

ich wurde, je devenais *ou* je devins (malade), etc.
du wurdest,
er wurde,
wir wurden, (krank)
ihr wurdet,
sie wurden.

PLUS-QUE-PARFAIT.

ich war
du warst
er war
wir waren
ihr waret
sie waren
} j'étais *ou* je fus devenu (malade), etc. (krank) **geworden.**

IMPÉRATIF.

werde, deviens (malade) etc.
werde er,
werden wir, (krank)
werdet,
werden sie.

FUTUR.

ich werde
du wirst
er wird
wir werden
ihr werdet
sie werden
} je deviendrai (malade), etc. (krank) **werden.**

Verbe **haben,** avoir.

44. — Tous les verbes *actifs* prennent aux temps composés l'auxiliaire **haben,** avoir.

INFINITIF PRÉSENT.

haben, avoir.

PARTICIPE PASSÉ.

gehabt, eu.

INDICATIF PRÉSENT.

ich habe, j'ai (de l'argent), etc.
du hast,
er hat,
wir haben, (Geld)
ihr habt,
sie haben.

PASSÉ INDÉFINI.

ich habe
du hast
er hat
wir haben
ihr habt
sie haben
} j'ai eu (de l'argent), etc. (Geld) **gehabt.**

IMPARFAIT.

ich hatte, j'avais *ou* j'eus (de l'argent), etc.
du hattest,
er hatte,
wir hatten, (Geld)
ihr hattet,
sie hatten.

PLUS-QUE-PARFAIT.

ich hatte
du hattest
er hatte
wir hatten
ihr hattet
sie hatten
} j'avais *ou* j'eus eu (de l'argent), etc. (Geld) **gehabt.**

IMPÉRATIF.		FUTUR.		
habe, aie (de l'argent), etc.	ich	werde	j'aurai (de l'argent), etc.
habe er,		wirſt	
haben wir, (Geld)		wird	(Geld)
habt,	wir	werden	**haben.**
haben ſie.	ihr	werdet	
	ſie	werden	

VERBES RÉGULIERS

45. **Infinitif en.** — Tous les infinitifs allemands sont terminés en **en**.

Ex. : Lieb**en**, aimer ; arbeit**en**, travailler.

46. **Participe passé ge....t.** — On forme le passé des verbes réguliers en plaçant : 1° la syllabe **ge** *devant* le radical ; 2° la lettre **t**, ou par euphonie **et**, *après* le radical.

Ex. : Lieben, aimer ; participe passé, **geliebt,** *aimé*.
Arbeiten, travailler ; part. passé, **gearbeitet,** *travaillé*.

47. — Verbe **lieben,** aimer.

INFINITIF PRÉSENT.	PARTICIPE PASSÉ.
lieben, aimer.	**geliebt,** aimé.

INDICATIF PRÉSENT.			PASSÉ INDÉFINI.		
ich	lieb e,	j'aime (l'enfant), etc.	ich	habe	j'ai aimé (l'enfant), etc.
du	lieb ſt,		du	haſt	
er	lieb t,	(das Kind)	er	hat	(das Kind)
wir	lieb en,		wir	haben	**geliebt.**
ihr	lieb t,		ihr	habt	
ſie	lieb en.		ſie	haben	

IMPARFAIT.		PLUS-QUE-PARFAIT.	
ich liebte, j'aimais *ou* j'aimai (l'enfant), etc.		ich hatte	j'avais *ou* j'eus aimé (l'enfant), etc.
du liebtest,		du hattest	
er liebte,	(das Kind)	er hatte	(das Kind) **geliebt.**
wir liebten,		wir hatten	
ihr liebtet,		ihr hattet	
sie liebten,		sie hatten	

IMPÉRATIF.		FUTUR.	
liebe, aime (l'enfant), etc.		ich werde	j'aimerai (l'enfant), etc.
liebe er,		du wirst	
lieben wir,	(das Kind)	er wird	(das Kind) **lieben.**
liebt,		wir werden	
lieben sie,		ihr werdet	
		sie werden	

VERBES PRONOMINAUX

48. Pronom réfléchi. — Dans les verbes *pronominaux* le pronom réfléchi se met après le verbe.

Ex. : Louis s'achète un chapeau (*tourn. : Louis achète à soi* un chapeau), Ludwig kauft **sich** einen Hut.

49. — Contrairement au français, les verbes pronominaux allemands forment leurs temps composés à l'aide du verbe **haben,** *avoir*.

Ex. : Je me *suis* trompé (*tournez : j'ai* moi trompé), ich **habe** mich geirrt.

50. — Verbe pronominal sich freuen, se réjouir.

INFINITIF PRÉSENT.	PARTICIPE PASSÉ.
sich freuen, se réjouir.	**gefreut,** réjoui.

INDICATIF PRÉSENT.			PASSÉ INDÉFINI.			
ich freue	mich,	je me réjouis, etc.	ich habe	mich		je me suis réjoui, etc.
du freust	dich,		du hast	dich		
er freut	sich,		er hat	sich		**gefreut.**
wir freuen	uns,		wir haben	uns		
ihr freut	euch,		ihr habt	euch		
sie freuen	sich.		sie haben	sich		

IMPARFAIT.		PLUS-QUE-PARFAIT.	
ich freute mich,	je me réjouissais, etc.	ich hatte mich	je m'étais réjoui, etc.
du freutest dich,		du hattest dich	**gefreut.**
er freute sich,		er hatte sich	
wir freuten uns,		wir hatten uns	
ihr freutet euch,		ihr hattet euch	
sie freuten sich.		sie hatten sich	

IMPÉRATIF.		FUTUR.	
freue dich,	réjouis-toi, etc.	ich werde mich	je me réjouirai, etc.
freue er sich,		du wirst dich	**freuen.**
freuen wir uns,		er wird sich	
freuet euch,		wir werden uns	
freuen sie sich.		ihr werdet euch	
		sie werden sich	

VERBE IMPERSONNEL

51. — Le pronom impersonnel *il*, se traduit par **es.**

Ex.: *Il* neige, **es** schneit.

Verbe **regnen**, pleuvoir.

INDICATIF PRÉSENT.	PASSÉ INDÉFINI.
es regnet, il pleut.	es hat geregnet, il a plu.
IMPARFAIT.	PLUS-QUE-PARFAIT.
es regnete, il pleuvait.	es hatte geregnet, il avait plu.
IMPÉRATIF.	FUTUR.
es regne, qu'il pleuve.	es wird regnen, il pleuvra.

52. — **Ne... pas, nicht.** La négation *ne* ... *pas* se traduit en allemand par **nicht.**

Ex.: Je *ne* suis *pas* grand (*tourn.* : je suis *pas* grand), ich bin **nicht** groß.

DEUXIÈME PARTIE

HISTORIETTES ET POÉSIES ENFANTINES

1. **Das Sägespiel.** Le jeu de la scie.

Laßt uns unsere Arme regen,
Laissez-nous nos bras remuer,

Wollen der Mutter Holz
(Nous) voulons à la mère (du) bois

klein sägen:
petit scier:

Säge, säge, Holz entzwei,
Scie, scie, (le) bois en deux,

Kleine Stücke, große Stücke.
(De) petits morceaux, (de) grands morceaux.

Säge, säge, schnie, schnee, u. s. w.
Scie, scie, chnie, chné, etc. (Imiter le bruit de la scie.)

2. **Der Scherenschleifer.** Le remouleur.

Scherenschleifer dreht sein Rad,
(Le) remouleur tourne sa roue,

Wenn er was zu schleifen hat.
Quand il quelque chose à aiguiser a.

Leute, bringt ein stumpfes Messer,
Gens, apportez un ébréché couteau,

Wenn's geschliffen, schneidet's besser.
Quand il (est) aiguisé, coupe-t-il mieux.

Ps, ps, ps, u. s. w. (Imiter le bruit du couteau sur la pierre.)

3. Zum marschieren. En marchant.

Lasset uns marschiren,
Laissez-nous marcher (marchons),

Rrr, rrr, rum!
Rr, rr, roum,

Rr, rr, rataplan!
Rr, rr, rataplan!

Vorwärts, Feldschritt, frisch voran!
En avant, pas accéléré, vivement en avant!

Lasset uns marschiren, rr, rr, rum!
Laissez-nous marcher, rr, rr, roum!

Mit den Grenadieren, rr rum bidibum!
Avec les grenadiers, rr roum bidiboum!

Mit den Kameraden, Und mit den Soldaten,
Avec les camarades, Et avec les soldats,

Mit den Lieutenanten, Mit den Musikanten,
Avec les lieutenants, Avec les musiciens,

Mit den Reiterscharen Und mit den Husaren
Avec la cavalerie Et avec les hussards.

Vorwärts, Feldschritt, aufgepackt!
En avant, pas accéléré, chargez!

Rr, rr, haltet Takt!
Rr, rr, observez (la) cadence[1]!

---

1. En cadence.

Fertig, Feuer, piff, paff, bum!
Apprêtez, feu, piff, paff, boum!

Rr, rr, kehrt euch um,
Rr, rr, retournez-vous (demi-tour),

Vorwärts, Marsch, und frisch voran,
En avant, marche, et vivement en avant,

Rr, rr, rataplan!
Rr, rr, rataplan!

4. Die Rose. La rose.

Der kleine August wollte
Le petit Auguste voulut

eine Rose pflücken, stach sich
une rose cueillir, piqua se

in die Finger und weinte.
dans les doigts et pleura.

Da sagte sein Vater zu ihm:
Alors dit son père à lui:

„Denke daran, mein Kind, daß die schönsten
« Songes y, mon enfant, que les plus belles

und besten Dinge den unvorsichtigen
et (les) meilleures choses aux imprudents

Menschen schaden können".
hommes nuire peuvent. »

5. Die Jagd. La chasse.

Jagd wollen wir spielen,
(A) la chasse voulons nous jouer,

Gar sicher muß zielen
Bien sûrement doit viser

Der Jägersmann.
Le chasseur.

Die Rehe, die Hasen
Les chevreuils, les lièvres

Auf grünendem Rasen,
Sur (le) verdoyant gazon,

Die schießt er dann;
Ceux-là tire-t-il alors;

Die Wölfe, die Füchse,
Les loups, les renards,

Erlegt mit der Büchse
Abat avec la carabine

Der Jägersmann.
Le chasseur.

Die Hunde die springen
Les chiens, ceux-ci s'élancent

Das Wild zu bringen
(Pour) le gibier apporter

Dem Jägersmann.
Au chasseur.

6. Die Soldaten. Les soldats.

Die Soldaten zieh'n ins
Les soldats vont en

Feld,
campagne,

Sorge jeder, daß er werde
Soigne chacun, qu' il devienne

Seiner Zeit ein tücht'ger Held.
En son temps un vaillant héros.

7. Der Langschläfer. Le dormeur.

Albert, Albert, komm
Albert, Albert, viens

doch schnell,
donc vite,

Sieh', die Sonne
Regarde, le soleil

scheint so hell!
luit si clairement!

Merke nach dem langen Schlaf,
Remarque (qu')après le long sommeil,

Kommt alsbald die schlimme Straf'!
Vient immédiatement la fâcheuse punition!

Du mußt in der Schule steh'n,
Tu es obligé à l' école d'être debout,

Und die andern sitzen seh'n.
Et les autres assis voir.

8. Der Spaziergang. La promenade.

Wir wollen einmal spazieren
Nous voulons une fois promener

geh'n,
aller,

Die schöne weite Welt beseh'n,
Le beau vaste monde voir,

Mi, ma, muß,
Mi, ma, mé,

Wir gehen stolz zu Fuß.
Nous allons fièrement à pied.

Wir wollen jetzt 'mal wandern
Nous voulons maintenant une fois voyager à pied

Von einem Ort zum andern
D' un endroit à l'autre

Wie, wa, werd,
Vic, va, val,

Wir reiten stolz zu Pferd.
Nous allons fièrement à cheval.

Wir fahren in die weite Welt,
Nous allons dans le vaste monde,

So lange, so weit es uns gefällt,
Aussi longtemps, aussi loin (qu')il nous plaît,

Ri ra rutsch,
Ri ra rure,

Wir fahren in der Kutsch'.
Nous allons en voiture.

9. **Die Frau und die Henne.** La femme et la poule.

Eine Frau hatte
Une femme avait

eine Henne, welche
une poule, qui

jeden Tag ein Ei
chaque jour un œuf

legte. Aber die Frau war nicht zufrieden
pondait. Mais la femme (n')était pas contente

damit; sie wollte jeden Tag zwei Eier
de cela; elle voulait chaque jour deux œufs

haben, denn sie verkaufte die Eier sehr theuer.
avoir, car elle vendait les œufs très cher.

Sie mästete daher die Henne in der Hoffnung
Elle engraissa donc la poule dans l' espoir

mehr Eier zu bekommen. Aber sie täuschte
plus d'œufs d' obtenir. Mais elle trompa

sich, denn die Henne wurde zu fett und hörte
se, car la poule devint trop grasse et cessa

ganz auf zu legen.
complètement de pondre.

10. **Sprechübungen.** Exercices de prononciation.

Fischers Fritz fischte
Du pêcheur (le fils) Fritz pêchait

frische Fische,
de frais poissons,

Frische Fische fischte
De frais poissons pêchait

Fischers Fritz.
du pêcheur (le fils) Fritz.

Müller mahle mir meine Metze Mehl,
Meunier mouds-moi mon setier (de) farine,

Morgen muß mir meine Mutter Muß machen.
Demain doit à moi ma mère (de la) bouillie faire.

Kein klein Kind kann keinen Kirschkern knacken.
Aucun petit enfant (ne) peut aucun noyau de cerise casser.

11. **Der gute Knabe.** Le bon petit garçon.

In Peters Garten
Dans de Pierre (le) jardin

war ein Vogelnest auf
était un nid d'oiseau sur

einem Baum. Eines
un arbre. Un

Tages fiel ein Vögelein, welches noch nicht
jour tomba un petit oiseau, qui encore pas

recht fliegen konnte, aus dem Nest. Peter
bien voler pouvait, hors du nid. Pierre

hob es auf, kletterte auf den Baum und legte
ramassa le, grimpa sur l' arbre et posa

es wieder in das Nest.
le de nouveau dans le nid.

12. Der Gockelhahn. Le coq.

Der Gockelhahn, der
Le coq, le

Gockelhahn,
coq,

Der hat zwei große Sporen
Il a deux grands éperons

an,
(aux pieds),

Und geht so stolz und keck einher,
Et va si fier et si hardi devant (lui),

Als wenn ein großer Herr er wär'.
Comme si un grand seigneur il était.

Er hat Sporen und nicht einmal Lederschuh,
Il a des éperons et pas même des souliers de cuir,

Hat Sporen und kein Pferd dazu.
(Il) a des éperons et pas de cheval avec.

Der Gockelhahn, der Gockelhahn,
Le coq, le coq,

Ist ein schlechter Reitersmann.
Est un mauvais cavalier.

„Herr Reiter zu Fuß wir lachen dich aus,
«Monsieur (le) cavalier à pied nous nous moquons de toi,

Reit' hurtig in das Hühnerhaus".
Chevauche (va) vite dans le poulailler».

13. Der tapfere Reiter. Le vaillant cavalier.

Hänschen will reiten,
Jeannot veut aller à cheval,

Setzt sich zu Rosse hin,
(Il) met soi à cheval,

Rößlein, das stehet
Le petit cheval, celui-ci se tient

Hänschen ruft: „Sehet doch, [noch,
Jeannot s'écrie: « Voyez donc, [encore (tranquille),

Was für ein Reiter ich bin!"
Quel (fameux) cavalier je suis! »

Jetzt fängt das Rößlein
Maintenant commence le petit cheval

Ruhig zu gehen an.
Tranquillement à marcher.

„Hänschen, du tapferer Mann
« Jeannot, [toi] vaillant homme

Hältst dich am Sattel an?
(Tu) tiens toi à la selle?

Schäm' dich, Herr Reitersmann."
Aie honte, monsieur le cavalier. »

Jetzt fängt das Rößlein
Maintenant commence le petit cheval

Lustig zu traben an.
Gaiement à aller au trot.

„Hänschen, was schwankst du doch?
« Jeannot, pourquoi chancelles- tu donc?

Fängst ja zu schreien an!"
(Tu) commences même à crier! »

Darauf im Galop gar;
Ensuite (le cheval va) au galop même;

Was fängt mein Hänschen an?
Que commence mon Jeannot?

Hopp! fliegt die Mütz' ihm fort;
Hopp! s'envole la casquette à lui au loin;

Hopp! liegt mein Hänschen dort,
Hopp! gît mon Jeannot là (par terre),

Der ist ein rechter Reitersmann!
Celui-ci est un fameux cavalier!

14. **Der neckische Knabe.** Le garçon taquin.

Der muthwillige Fritz
L' espiègle Frédéric

neckte einst einen
taquinait un jour un

großen Hund, welcher
grand chien, qui

vor einem Fleischerladen lag. Zuerst blieb
devant une boucherie gisait. D'abord resta

das Thier ruhig
l' animal tranquillement

liegen; aber endlich, als
couché; mais enfin, lorsque

Fritz den Hund zu
Frédéric le chien trop

arg quälte, fuhr er plötzlich wüthend auf
fort tourmenta, sauta-t-il tout à coup furieux debout

und biß den bösen Knaben in das
et mordit le méchant garçon dans (à) la

Bein, daß er weinend fort lief.
jambe, de sorte qu' il en pleurant (se) sauva.

15. Die kleine Bertha. La petite Berthe.

Bin noch jung und bin noch klein,
(Je) suis encore jeune et suis encore petite,

Aber will recht fleißig sein,
Mais (je) veux bien appliquée être,

In die Schule gehen gerne,
A l' école aller volontiers,

Daß ich lesen, schreiben lerne.
Afin que je (à) lire, (à) écrire apprenne.

Wenn mich dann die Leute fragen,
Si me ensuite les gens demandent,

Kann ich doch zu ihnen sagen :
Puis-je pourtant à eux dire :

Bertha heiß ich,
Berthe m'appellé-je,

Schon recht viel weiß ich.
Déjà bien des choses sais- je.

16. Das Spätzchen und der Bauer.
Le moineau et le paysan.

Bäuerlein, Bäuerlein, tick, tick, tack,
Petit paysan, petit paysan, tic, tic, tac,

Hast 'nen großen Hafersack,
(Tu) as un grand sac d'avoine,

Hast viel Weizen,
(Tu) as beaucoup de froment,

hast viel Kern[1],
(tu as) beaucoup de grains,

Bäuerlein, hab' dich gar zu gern!
Petit paysan, (j')ai toi par trop cher[2]!

---

1. Kern, mis pour Korn. — 2. Je t'aime bien.

Bäuerlein, Bäuerlein, tick, tick, tack,
Petit paysan, petit paysan, tic, tic, tac,

Komm zu dir mit Sack und Pack,
(Je) viens chez toi avec sac et paquets,

Komm zu dir nur daß ich lern'
(Je) viens chez toi seulement pour que j'apprenne,

Wie man ausdrischt Weizen und Kern.
Comment on bat (le)froment et (le) grain.

Bäuerlein, Bäuerlein, tick, tick, tack,
Petit paysan, petit paysan, tic, tic, tac,

Ei, wie ist denn der Geschmack
Eh, quel est donc le goût

Von dem Weizen und von dem Kern,
Du froment et du grain,

Daß ich's unterscheiden lern'?
Pour que je les distinguer apprenne?

Bäuerlein, Bäuerlein spricht und lacht:
Petit paysan, petit paysan dit et rit:

„Spätzchen nimm dich nur in Acht,
« Petit moineau, prends à toi seulement garde,

Daß ich, wenn ich drisch' und klopf',
Pour que je, si je bats et tape,

Dich nicht treff' auf deinen Kopf'.
Toi pas atteigne sur ta tête.

Komm herein und such' und lug',
Viens dedans (la grange) et cherche et regarde,

Bis du satt hast und genug.
Jusqu'à ce que tu rassasié es et assez (as).

17. **Das leichtsinnige Mädchen.** La petite fille étourdie.

Sophia sollte einst, als
Sophie devait un jour, que

ihre Mutter unpäßlich war,
sa mère indisposée était,

ihr Schwesterchen in dem
sa petite sœur dans la

Kinderwägelchen spazieren fahren. Aber da sie
voiture d'enfant promener. Mais comme elle

ein leichtsinniges Mädchen
une étourdie petite fille

war, gab sie nicht Acht
était, fit-elle pas attention

auf den Weg. Plötzlich
au chemin. Tout à coup

stolperte sie an einem Stein, fiel zu Boden,
trébucha-t-elle contre une pierre, tomba par terre,

riß das Wägelchen mit sich um, und sie
renversa la petite voiture avec elle, et elle

und ihr Schwesterchen bekamen sehr weh.
et sa petite sœur eurent très mal.

18. Wahrheit und Lüge.
Vérité et mensonge.

Was! ich sollte lügen!
Quoi! je devrais mentir!

Nein, das thu' ich nicht!
Non, cela (ne) fais- je pas!

Denn aus einem Lügner
Car d' un menteur

Wird ein Bösewicht.
Devient un scélérat[1].

Ueber meine Zunge soll kein Wörtlein geh'n,
Sur ma langue doit pas une parole passer,

Das ich müßte bereuen! Treu will ich
Dont je devrais (me) repentir! Fidèlement veux- je

Wenn ich was nicht recht gethan, [gesteh'n,
Si je quelque chose pas bien fait (ai), [avouer,

So nur liebt mich Jedermann.
Ainsi seulement aime moi chacun.

19. Der böse Knabe. Le méchant garçon.

Vor einem Wirthshause war ein Pferd ange-
Devant une auberge était un cheval atta-

bunden. Der böse Karl ging vorbei, blieb stehen
ché. Le méchant Charles passa devant, s'arrêta

1. Un menteur devient un scélérat.

und versetzte ihm einen Hieb mit seiner Peitsche.
et appliqua à lui un coup de son fouet.

Da schlug das Pferd aus und traf Karl
Alors lança le cheval une ruade et atteignit Charles

mit seinen Hufen auf
avec ses sabots sur

die Brust, daß er
la poitrine, de sorte qu'il

ohnmächtig zu Boden
évanoui par terre

fiel, einige Wochen lang das Bett hüten
tomba, quelques semaines durant le lit garder

und heftige Schmerzen ausstehen mußte.
et (de) violentes douleurs supporter dut.

20. Zählet. Comptez.

Eins, zwei, drei! die Tafel schnell herbei!
Un, deux, trois! l' ardoise vite apportez!

Und bringt auch einen Schieferstift,
Et apportez aussi un crayon d'ardoise,

Den braucht das Kindlein zu der Schrift.
(De) celui-là a besoin l' enfant pour l' écriture.

Eins, zwei, drei, die Tafel schnell herbei!
Un, deux, trois, l' ardoise vite apportez!

Vier, fünf, sechs! das Kind macht einen Klecks!
Quatre, cinq, six! l' enfant fait une tache!

Es schreibt der Mutter einen Brief,
Il écrit à la mère une lettre,

Wohl sind die Zeilen
Il est vrai sont les lignes

etwas schief,
quelque peu obliques.

Vier, fünf, sechs,
Quatre, cinq, six,

das Kind macht einen Klecks.
l' enfant fait une tache.

Sieben, acht, neun! Wie wird sich Mama freu'n!
Sept, huit, neuf! Combien va se maman réjouir!

Wißt ihr was das Kindlein schrieb?
Savez-vous ce que l' enfant écrivit?

„Lieb Mütterlein, ich hab dich lieb".
« Chère, petite mère, j' ai toi chère[1] ».

Sieben, acht, neun! Wie wird sich Mama freu'n!
Sept, huit, neuf! Combien va se maman réjouir!

Nun folgt die Zehn,
Maintenant vient le dix,

Wie schreibt das Kindlein schön!
Combien écrit l' enfant bien!

1. Je t'aime.

Und Mütterlein gibt d'rauf zum Schluß,
Et petite mère donne là-dessus pour la fin,

Dem Kindlein einen herz'gen Kuß.
A l' enfant un cordial baiser.

Nun folgt die Zehn,
Maintenant vient le dix,

Wie schreibt das Kindlein schön!
Combien écrit l' enfant bien!

21. **Helft doch.** Aidez donc.

Es sitzt ein Mann
Il est assis un homme[1]

dort auf der Bank,
là-bas sur le banc,

Ach, gebt ihm
Hélas, donnez-lui

was, er ist so krank!
quelque chose, il est si malade!

Der Mann ist arm, er lebt in Noth;
L' homme est pauvre, il vit dans la détresse;

Er hat kein Dach, er hat kein Brot,
Il n'a pas de toit, il n'a pas de pain;

Bald nimmt ihn Gott hier aus der Welt,
Bientôt enlève-lui Dieu d'ici de ce monde,

---

1. Un homme est assis.

Dann braucht er nicht mehr Gut und Geld.
Alors a besoin il ne plus[1] de biens et d'argent.

O seht die Noth, o fühlt sein Leid,
Oh voyez la détresse, oh, sentez sa peine,

Und helft ihm jetzt, da es noch Zeit.
Et aidez- lui maintenant qu'il (est) encore temps.

22. Das wohlthätige Kind. L'enfant bienfaisant.

Die kleine Magdalena ist sehr gutherzig. Wenn
La petite Madeleine a très bon cœur. Quand

sie einem Armen auf der Straße begegnet, so gibt
elle un pauvre dans la rue rencontre, donne-

sie ihm ein Almosen. Im Winter, wenn
t-elle à lui une aumône. En hiver, quand

Schnee und Eis die Erde bedeckt, streut sie
(la) neige et (la) glace la terre couvrent, répand elle

Brosamen vor das Fenster um die hungrigen
des miettes de pain devant la fenêtre pour les affamés

Vöglein zu nähren.
petits oiseaux [de] nourrir.

1. Il n'a plus besoin.

23. Brave Kinder. Les enfants sages.

Brave Kinder stets sich lieben,
(Les) sages enfants toujours s' aiment,

Und einander nie betrüben,
Et l'un l'autre jamais affligent,

Sind zufrieden immerfort,
(Ils) sont contents toujours,

Und gehorchen auf das Wort.
Et obéissent à la parole.

24. Die bestrafte Unvorsichtigkeit.
L'imprudence punie.

Ernst war sehr neu-
Ernest était très cu-

gierig und sehr unvorsichtig.
rieux et très imprudent.

Eines Tages als er mit
Un jour qu' il avec

seinem Bruder und seinem
son frère et sa

Schwesterchen in dem Arbeitszimmer seines Vaters
petite sœur dans le cabinet de travail de son père

war, nahm er eine Pistole aus dem Schreibepult
était, prit- il un pistolet dans le bureau

und wollte damit spielen. „Lege die Pistole
et voulut avec (cela) jouer. « Mets le pistolet

wieder in das Pult, sagte sein älterer Bruder,
de nouveau dans le bureau, dit son aîné frère,

sie könnte geladen sein." Aber Ernst gehorchte
il pourrait chargé être. » Mais Ernest n'obéit

nicht. Plötzlich ging
pas. Tout à coup partit

der Schuß los, und sein
le coup et sa

Schwesterchen, welches
petite sœur, qui

neben ihm stand, fiel
à côté de lui se tenait, tomba

schwer verwundet zu Boden. Ernst lief wei-
gravement blessée à terre. Ernest s'enfuit en

nend fort, aber das Unglück war geschehen.
pleurant, mais le malheur était fait.

25. Das Lämmchen und die Vöglein.
L'agneau et les petits oiseaux.

Das Lämmchen geht zur Weide,
L' agneau va au pâturage,

Von seinem Wollenkleide
De son vêtement de laine

Zieht ihm ein wenig ab der Strauch,
Enlève à lui un peu le buisson,

Den kleinen Zoll spürt's Lämmchen kaum,
Ce petit tribut sent l' agneau à peine,

Das Vöglein aber
Le petit oiseau [mais]

sieht's vom Baum,
voit le de (son) arbre,

Denkt, das ist
(Et) pense c' est

gerade was ich brauch',
tout juste ce dont j' ai besoin,

Und fliegt herab vom Baum
Et vole en bas de l' arbre

sogleich,
tout de suite,

Und nimmt die Wolle so
Et prend la laine si

warm und weich,
chaude et moelleuse,

Und baut sich still sein Nestchen draus,
Et bâtit à soi tranquillement son petit nid de cela.

Und drinnen brütet's die Jungen aus.
Et là-dedans couve-t-il les petits.

26. **Der mildthätige Knabe.** Le bienfaisant petit garçon.

Gottfried ist mildthätig
Geoffroy est bienfaisant

und sparsam. Letzthin
et économe. Dernièrement

hat er von seinen Eltern,
a-t-il de ses parents,

Onkeln und Tanten
(de ses) oncles et (de ses) tantes

zehn Franken zu seinem Namenstag erhalten.
dix francs pour sa fête reçu.

Anstatt das Geld unnütz auszugeben und
Au lieu de l'argent inutilement dépenser et

Spielzeug daraus zu kaufen, trug er es auf die
(des) jouets de cela [d'] acheter, porta-t-il le à la

Sparkasse um im Winter den armen Leuten
Caisse d'épargne pour en hiver aux pauvres gens

ein Almosen geben zu können.
une aumône donner pouvoir.

27. **Das Käferchen.** Le scarabée.

Ein kleiner Käfer schwirrte
Un petit scarabée bourdonnait

Vergnügt um's Bäumchen her,
Gaîment autour du petit arbre,

Allein im Garten irrte
Mais dans le jardin errait

Ein wilder Bub' umher.
Un méchant garçon de côté et d'autre.

Der fing das arme Thierchen,
Celui-ci prit la pauvre petite bête,

Und packt's bei seinem Bein,
Et saisit elle par sa jambe,

Und bindet an ein Schnürchen
Et attache à une ficelle

Das arme Käferlein.
Le pauvre petit scarabée.

Er spottet seiner Wunden,
Il se rit de ses blessures,

Er freut sich seiner Noth,
Il réjouit soi de sa détresse,

Doch ach! in wenig Stunden
Mais hélas! en peu d' heures,

War's arme Thierlein todt.
Fut la pauvre petite bête morte.

"Du schlimmer Mensch, was haben
« Toi, mauvais homme, qu' ont

Die Käfer dir gethan?"
Les scarabées à toi fait? »

Ach! aus dem bösen Knaben
Hélas! [de] ce méchant garçon

Ward bald ein böser Mann.
Devint bientôt un méchant homme.

28. **Quälet die Thiere nicht.** Ne tourmentez pas les animaux.

Ludwig sah einst, als
Louis vit un jour, lors-

er spazieren ging, eine
qu'il promener allait, une

Ziege, welche an einem
chèvre, qui à une

langen Strick angebunden
longue corde attachée

war, und am Rande der Straße weidete. Er
était, et au bord de la route paissait. Il

näherte sich ihr und zupfte sie an ihrem langen
approcha se d'elle et tira la par sa longue

Bart. Da versetzte ihm die Ziege einen solchen
barbe. Alors porta à lui la chèvre un tel

Stoß mit ihren Hörnern, daß Ludwig zu Boden
coup de ses cornes, que Louis par terre

fiel und ganz mit Koth bedeckt wurde.
tomba et complètement de boue couvert fut.

Er ging beschämt nach Hause und seine Mutter
Il alla (tout) honteux à (la) maison et sa mère

schalt ihn noch tüchtig aus.
gronda lui encore fortement.

29. Bruder und Schwester. Le frère et la sœur.

„Bist du böse, Schwester mein?
« Es- tu fâchée, sœur mienne ?

Komm, ich will auch
Viens, je veux aussi

artig sein;
gentil être;

Zürne nun mit
Sois fâchée maintenant avec

mir nicht mehr!
moi ne plus !

Ach, ich liebe dich so sehr!
Ah ! j' aime toi tellement !

Komm, und laß uns einig sein,
Viens, et laisse-nous unis être[1],

Daß sich unsere Eltern freu'n."
Pour que se nos parents réjouissent. »

30. Der Tanzbär. L'ours dansant.

Auf der Straße tanzt ein Bär,
Dans la rue danse un ours,

Kinder, kommt mal alle her.
Enfants, venez donc tous par ici.

---

1. Soyons unis.

Nach der Trommel, bum, bum, bum
D'après (au son du) tambour, boum, boum, boum

Dreht er sich im Kreis herum.
Tourne-t-il se en rond.

Ach! wie sauer wird
Hélas! combien dur semble

ihm das,
à lui cela,

Ist gewiß für ihn
(C')est certainement pour lui

kein Spaß.
pas un amusement.

Aeffchen mit dem rothen Jäckchen
(Le) petit singe avec la rouge jaquette

Mit dem buntgestickten Fräckchen
Avec le de couleurs variées brodé petit habit

Kann so schöne Grimassen machen!
Peut (sait) de si belles grimaces faire!

Kinder, ei, das ist zum Lachen.
Enfants, eh, cela est à (faire) rire.

31. Das mitleidige Mädchen.
La compatissante petite fille.

Zwei böse Knaben
Deux méchants garçons

wollten ein Kätzchen
voulaient un petit chat

tödten. Die kleine Mag=
tuer. La petite Ma-

dalena ging gerade mit
deleine passa justement avec

ihrer Mutter vorbei, hatte Mitleid mit dem
sa mère [par là], eut pitié de la

armen Thierchen und bat ihre Mutter das
pauvre petite bête et pria sa mère le

Kätzchen zu kaufen. Diese gab den Knaben einen
petit chat d' acheter. Celle-ci donna aux garçons un

Franken und Magdalena nahm das Kätzchen
franc et Madeleine prit le petit chat

mit sich nach Hause und zog es auf. Das
avec elle à la maison et éleva le. Le

Kätzchen wurde groß und schön und liebte seine
petit chat devint grand et beau et aima sa

Wohlthäterin sehr.
bienfaitrice beaucoup.

32. Das Zeichnen. Le dessin.

Eine Tafel schenk'
(D')une ardoise fais-je

ich dir,
cadeau à toi,

Und den bunten
Et de (ce) de couleur

Griffel hier,
crayon ici,

Daß du zeichnest schöne Sachen,
Afin que tu dessines de belles choses,

Die dem Auge Freude machen,
Qui à l' œil (du) plaisir fassent,

Striche erst, dann wird's ein Haus,
Des traits d'abord, puis devient cela une maison,

Jemand guckt zum Fenster 'naus.
Quelqu'un regarde par la fenêtre dehors.

Hier ein Gartenzaun und Bäumchen,
Ici une haie de jardin et (de) petits arbres,

Mit den Zweigen voller Pfläumchen,
Avec les branches pleines de petites prunes,

Hier den Brunnen, dort die Bank,
Ici le puits, là-bas le banc,

Da fließt auch ein Bach entlang.
Là coule aussi un ruisseau tout le long.

Hier noch schnell ein Mäuerlein
Ici encore vite un petit mur,

Und das Bild wird fertig sein.
Et l'image (le dessin) va fini être.

33. Der unvorsichtige Knabe. L'imprudent petit garçon.

Eines Tages ging Heinrich außerhalb der
Un jour alla Henri en dehors de la

Stadt am Ufer des Flusses spazieren. Da er
ville au bord du fleuve se promener. Comme il

einen Kahn am Ufer
un canot au bord

angebunden sah, stieg er
attaché vit, monta-t-il

hinein und schaukelte sich
dedans et balança se

darin. Plötzlich verlor
y. Tout à coup perdit-

er das Gleichgewicht, fiel ins Wasser und wäre
il l' équilibre, tomba dans l'eau et (se) serait

ertrunken, wenn ein Fischer nicht in den Kahn
noyé, si un pêcheur pas dans la barque

gesprungen wäre und ihn herausgezogen hätte.
sauté avait et le retiré eût.

34. Kind und Kätzchen. L'enfant et le chat.

Kind : „Miezchen,
L'enfant : « Petit minet,

warum wäschst du dich
pourquoi laves- tu toi

Alle halbe
Toutes (les) demi-

Stunde, sprich ?"
heures, dis? »

Miezchen : „Weil es gar zu häßlich steht,
Minet : « Parce qu'il par trop vilain est,

Wenn man nicht recht sauber geht;
Si on pas bien propre va (est);

Köpfchen, Pfötchen, alles rein,
Petite tête, petites pattes, tout (doit être) propre,

Anders darf's bei mir nicht sein."
Autrement doit-il chez moi pas être. »

Unser Miezchen hört' ich dann,
Notre minet entendis- je ensuite,

Stand in Ehren bei jedermann.
Était en honneur chez tout le monde.

Ich denke, das Waschen und Putzen
Je pense (que) le laver et (le) nettoyer

Hat ihm gebracht so großen Nutzen.
A à lui apporté si grand profit.

35. Hänschen. Jeannot.

Hänschen sollt' mit
Jeannot devait avec

manchen andern
maints autres (enfants)

Endlich auch zur Schule
Enfin aussi à l' école

wandern;
aller;

Eine Tafel schenkt Mama,
(D')une ardoise fait cadeau maman,

Bunte Hefte der Papa.
(De) jolis cahiers le papa.

„Unterlaß mir ja das Plaudern.
« Laisse-moi surtout le bavarder[1],

Folg' dem Lehrer ohne Zaudern,
Obéis au maître sans hésiter,

Sei hübsch fleißig", mahnt Papa.
Sois gentiment appliqué », recommande (le) papa.

Hänschen sagt zu Allem „Ja".
Jeannot dit à tout « Oui ».

Nun das Ränzchen auf dem Rücken
Maintenant le sac sur le dos

---

1. Surtout ne bavarde pas.

Seh'n wir stolz ihn um sich blicken.
Voyons-nous fièrement le autour de soi regarder.

O wie lustig ist's, o wie schön,
O combien gai est-ce, combien (c'est) beau,

Darf man auch zur Schule geh'n.
Peut- on aussi à l' école aller[1].

36. **Der gute Knabe.** Le bon petit garçon.

Während der Ferien
Pendant les vacances

ging August eines Tages
alla Auguste un jour

im Walde spazieren. Da
dans la forêt se promener. Là

begegnete er einer alten
rencontra-t- il une vieille

Frau, welche ein schweres Bündel Holz trug und
femme, qui un lourd fagot (de) bois portait et

es fast nicht schleppen konnte. August, welcher
le presque pas traîner pouvait. Auguste, qui

sehr gefällig ist, trug es ihr bis ins Dorf,
très complaisant est, porta le à elle jusqu' au village,

und die arme Frau dankte ihm sehr für
et la pauvre femme remercia lui beaucoup pour (de)

seine Gefälligkeit.
sa complaisance.

1. Que c'est beau de pouvoir aussi aller à l'école.

37. Die Suppe. La soupe.

Ich eſſ' das nicht! ich
Je (ne) mange cela pas! je

mag das nicht!
n'aime cela pas.

So nur ein Leckermäulchen ſpricht.
Ainsi seulement un petit gourmand parle.

D'rum hüte dich und ſei nicht ſo.
C'est pourquoi prends garde et (ne) sois pas ainsi.

Wie manches arme Kind wär' froh,
Que maint pauvre enfant serait content,

Hätt' es für den ganzen Tag,
Aurait-il (s'il avait), pour le tout entier jour,

Was jetzt dein Eigenſinn nicht mag.
Ce que maintenant ton caprice ne pas veut.

38. Der gute Bruder. Le bon frère.

Ernſt iſt ein ſehr guter Knabe; in der Schule
Ernest est un très bon petit garçon; à l' école

iſt er fleißig und aufmerkſam. Zu Hauſe iſt er
est- il appliqué et attentif. A la maison est- il

ſehr gefällig gegen ſein Brüderchen, das lei=
très complaisant envers son petit frère, qui malheu-

der ein Krüppel iſt und nicht gehen kann.
reusement [un] estropié est et ne pas marcher peut.

Jeden Abend wenn Ernst nach Hause kam,
Chaque soir quand Ernest à la maison venait,

erzählte er ihm was er in der Schule gelernt hatte.
racontait-il à lui ce que il à l' école appris avait.

Aber vorige Woche sah
Mais (la) passée semaine vit-

er sein Brüderchen weinen
il son petit frère pleurer

und fragte nach der
et demanda après la

Ursache seiner Thränen.
cause de ses larmes.

Da gestand ihm der arme Krüppel, daß er
Alors avoua à lui le pauvre estropié qu' il

weine, weil er
pleurait, parce qu' il

nicht in die Schule
pas à l' école

gehen und so schöne
aller et (de) si belles

Sachen lernen könne wie Ernst. Was that
choses apprendre pouvait comme (que) Ernest. Que fit

dieser? Am folgenden Tage setzte er sein Brüderchen
celui-ci? Le suivant jour plaça-t-il son petit frère

auf einen Schubkarren, führte es in die Schule,
sur une brouette, conduisit le à l' école,

und seitdem thut er dies jeden Tag.
et depuis fait- il cela chaque jour.

39. Das arme Kind. Le pauvre enfant.

„Ein armes, armes
« Un pauvre, pauvre

Kind, Mama,
enfant, maman,

Steht unten vor dem [Haus;
Se tient en bas devant la [maison;

Es ist so groß wie ich beinah',
Il est aussi grand que moi presque,

Nur sieht es mag'rer aus.
Seulement a-t-il (l'air) plus maigre.

Es muß recht arm und elend sein,
Il doit bien pauvre et misérable être,

Es hat ja keine Schuh',
Il (n')a, en effet, pas de souliers,

So steht es auf dem kalten Stein,
Ainsi se tient-il sur la froide pierre,

Und hungrig noch dazu".
Et (est) affamé encore par-dessus ».

"Du armes Kind, du dauerst mich,
« Toi, pauvre enfant, tu fais de la peine à moi,

Hast keine Mutter mehr;
(Tu) n'as pas de mère plus;

O weh, wie ging' es mir, wenn ich
O malheur, comment irait- il à moi[1], si je

So arm, so elend wär'?
Si pauvre, si misérable étais?

Komm unters Fenster, armes Kind,
Viens sous la fenêtre, pauvre enfant,

Nimm deine Schürze; hier
Prends ton tablier; ici

Ist was für dich, nun geh' geschwind
Est quelque chose pour toi, maintenant va vite

Und kauf' ein Brot dafür".
Et achète un pain avec. »

40. Der bestrafte Thierquäler.
Le tourmenteur puni.

Der faule Michael
Le paresseux Michel

sollte mit dem Esel
devait avec l' âne

Gemüse in die Stadt
(des) légumes en ville

---

1. Que deviendrais-je !

führen. Aber kaum war er außerhalb des
conduire. Mais à peine fut - il en dehors du

Dorfes, so setzte er sich
village, que mit- il se

auf den schwer beladenen
sur le lourdement chargé

Esel, und da dieser
âne, et comme celui-ci

sehr langsam ging, ver-
très lentement allait, don-

setzte er ihm mehrere Hiebe mit seinem Stock.
na-t- il à lui plusieurs coups avec son bâton.

Aber der Esel schlug
Mais l' âne frappa

hinten aus; Michael
derrière au dehors[1]; Michel

fiel mit dem Gemüse
tomba avec les légumes

zu Boden, verwundete sich an dem Kopf und
par terre, blessa se à la tête et

wurde überdies von seinem Vater bestraft.
fut en outre par son père puni.

1. L'âne lança une ruade.

41. Zerrissene Hosen. Le pantalon déchiré.

Schwester: „Ach! was
La sœur: « Hélas! que

wird die Mutter sagen,
va la mère dire,

Wenn sie sieht, was du gethan!
Quand elle verra ce que tu (as) fait!

Und du hast die neuen Hosen,
Et tu as le neuf pantalon,

Heut' zum ersten Male an!
Aujourd'hui pour la première fois (mis)!

Sicherlich hast du geklettert,
Sûrement as- tu grimpé (aux arbres),

Und Mama verbot es doch,
Et maman (te) défendit le pourtant,

Und du hast nun in den Hosen
Et tu as maintenant au pantalon

Solch ein großes Loch!
Un si grand trou!

Warum mußt du immer klettern,
Pourquoi (te) faut-il toujours grimper (aux arbres),

Kleiner schlimmer Bösewicht?"
Petit mauvais garnement? »

Brüderchen: „Klettern müssen alle Buben;
Le petit frère: « Grimper (aux arbres) doivent tous les garçons;

Das versteht ihr Mädchen nicht."
Cela (ne) comprenez vous, (jeunes) filles, pas. »

42. Das Hündchen. Le petit chien.

„Hündchen, mein
« Petit chien, mon

Hündchen, was
petit chien, pourquoi

bellst du so sehr?
aboies- tu tellement?

Treibst mir den Schlaf aus den Augen hinaus.
(Tu) chasses à moi le sommeil des yeux.

Sei doch nur still! Bitte, lärme nicht mehr,
Sois donc silencieux. (Je te) prie, fais du bruit ne plus,

Oder ich schließe dich schnell in dein Haus!"
Ou bien j' enferme toi vite dans ta niche ».

Hündchen bellt noch mehr, da geht hinaus
(Le) petit chien aboie encore plus, alors va dehors

Der Vater und findet die Dieb' in dem Haus;
Le père et trouve les voleurs dans la maison;

Schnell fliehen sie durch sein Kommen erschreckt.
Vite s'enfuient-ils par son arrivée effrayés.

„Hätte das Hündchen uns nicht geweckt,
« Eût le petit chien nous pas réveillés,

Wären die Dieb' in die Stube gekommen,
Seraient les voleurs dans la chambre venus,

Hätten mir all' mein Spielzeug genommen."
Auraient à moi tous mes jouets enlevé. »

43. **Seid nicht stolz.** Ne soyez pas fiers.

Thomas ging einst
Thomas alla un jour

spazieren und begegnete
(se) promener et rencontra

dem armen Anton, welcher
le pauvre Antoine, qui

Ziegen hütete; aber da er sehr stolz war,
(des) chèvres gardait; mais comme il très fier était,

grüßte er ihn nicht. Ohn-
salua-t- il lui pas. En-

gefähr eine Viertelstunde
viron un quart d'heure

später kam er wieder
plus tard vint- il de nouveau

zu Anton und fragte, ob er seine silberne Uhr
chez Antoine et demanda, s' il sa en argent montre

nicht gefunden habe. „Nein,
pas trouvé avait. « Non,

sagte Anton, aber ich will sie
dit Antoine, mais je veux la

euch suchen helfen". Er pfiff
vous chercher aider. » Il siffla

seinem Hunde, ließ ihn des Thomas Kleider
son chien, fit lui de Thomas (les) habits

beriechen und sagte : „Suche." Der Hund lief
sentir et dit : « Cherche. » Le chien partit

spürend fort und kam nach einigen Minuten
en flairant (par terre) et revint après quelques instants

mit der Uhr in der Schnauze zurück. So hat
avec la montre dans la gueule. Ainsi a

der arme Anton dem stolzen Thomas einen
le pauvre Antoine au fier Thomas un

großen Dienst geleistet.
grand service rendu.

44. **Die ersten Hosen.** Le premier pantalon.

Bin ich nicht ein
(Ne) suis- je pas un

rechter Bub',
vrai garçon,

Seht nur wie
Voyez seulement combien

groß ich bin!
grand je suis!

Hab' schon richt'ge Hosen an,
(J')ai déjà (un) véritable pantalon,

Und zwei Taschen sind darin;
Et deux poches sont dedans;

Eine rechts und eine links,
Une à droite et une à gauche,

So muß es bei den Hosen sein,
Ainsi doit cela avec le pantalon être,

Beide Hände muß man doch
Les deux mains doit- on pourtant

Stecken können da hinein.
Mettre pouvoir là dedans.

Und sie sind auch groß und weit,
Et il est aussi grand et ample,

Denn ich bin nun bald ein Mann;
Car je suis maintenant bientôt un homme;

Und die Taschen sind dazu
Et les poches sont pour cela

Daß man viel hineinthun kann.
Que l' on beaucoup y mettre puisse.

Wer noch keine Hosen hat,
Celui qui encore pas de pantalon a,

Der ist noch ein kleines Kind;
Celui-là est encore un petit enfant;

Taschen haben Kinder nicht,
Des poches ont (les) enfants pas,

Weil sie gar zu dumm noch sind.
Parce qu' ils par trop sots encore sont.

Aber ich, ich bin ein Bub',
Mais moi, je suis un garçon,

Seht ihr's nicht wie groß ich bin?
Ne) voyez vous le pas combien grand je suis?

Denn ich habe Hosen an und zwei Taschen d'rin.
Car j' ai un pantalon et deux poches dedans.

Lieder. Chansons.

1. Das Abc. L'abc.

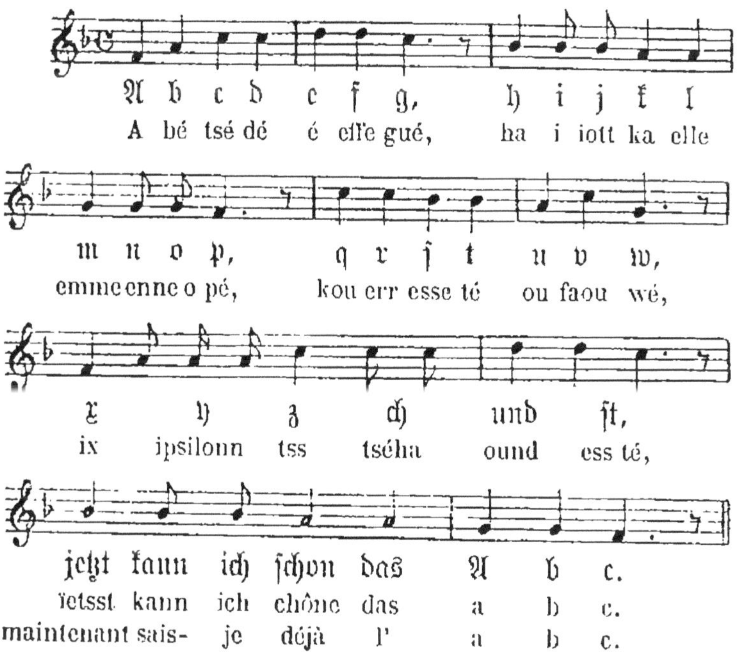

2. O wie herrlich.

3. Stille.

---

1. Ne faites pas de bruit.

4. Wir spielen.

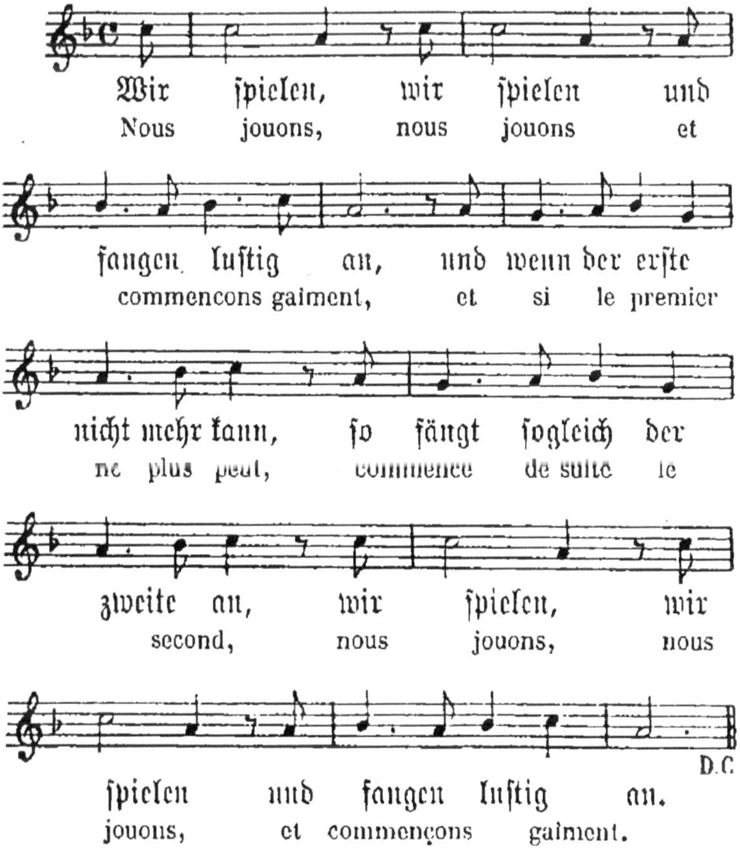

Wir spielen, wir spielen und
Nous jouons, nous jouons et
fangen lustig an, und wenn der erste
commencons gaiment, et si le premier
nicht mehr kann, so fängt sogleich der
ne plus peut, commence de suite le
zweite an, wir spielen, wir
second, nous jouons, nous
D.C.
spielen und fangen lustig an.
jouons, et commençons gaiment.

5. Der Müller.

Müller hast du nichts zu
Meunier (n)'as- tu rien à
mahlen? Deine Mühle steht fast
moudre? Ton moulin reste presque

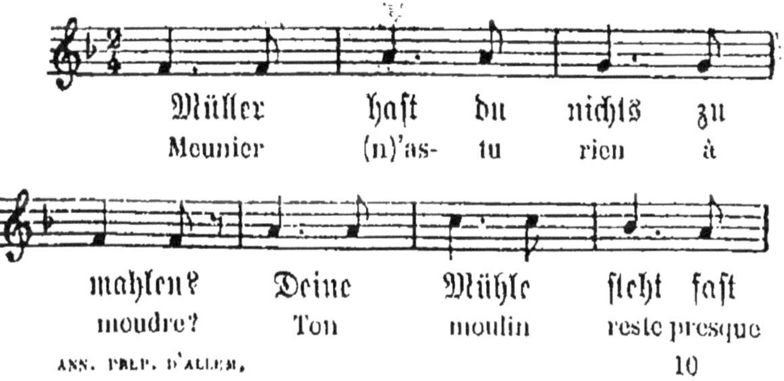

2. Müller hast du nichts zu sägen,
Meunier (n)'as- tu rien à scier,

Deine Mühle steht fast still?
Ton moulin reste presque oisif?

Du mußt doch die Pacht bezahlen,
Tu dois pourtant le loyer payer,

Ei, so säge doch geschwind! (Faire le mouve-
Eh, scie donc vite! ment de la scie).

6. Kuckuck.

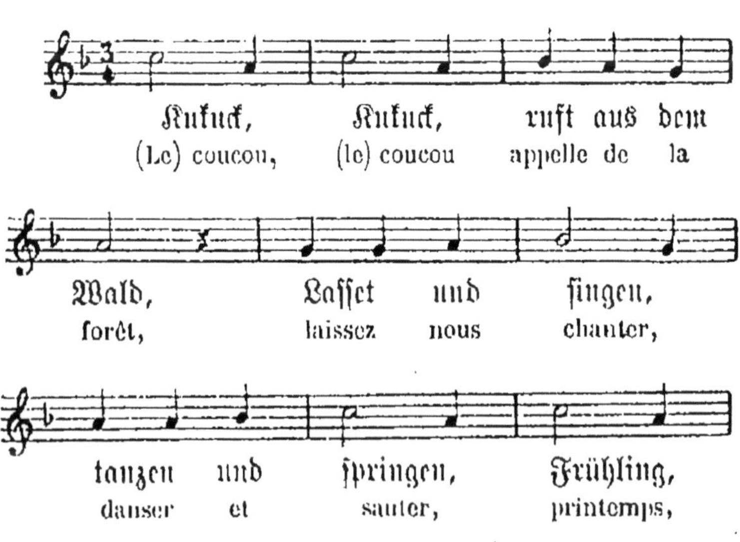

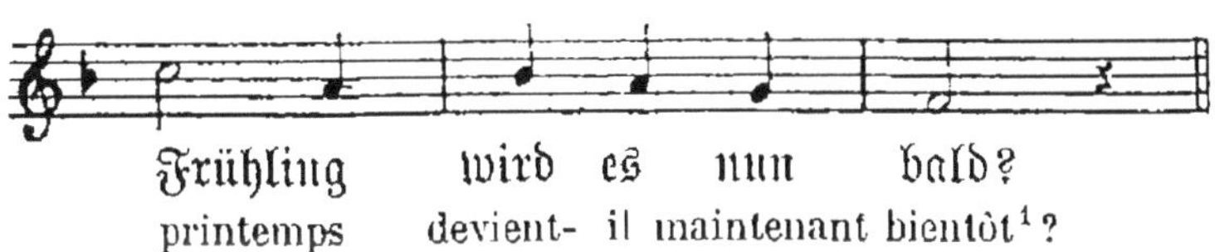

2. Kuckuck, Kuckuck läßt nicht sein Schrei'n.
(Le) coucou, (le) coucou (ne) cesse pas ses cris.

Kommt in die Felder,
Venez dans les champs,

Wiesen und Wälder,
(Les) prés et (les) bois,

Frühling, Frühling, stelle dich ein!
Printemps, printemps, viens (maintenant)!

3. Kuckuck, Kuckuck, trefflicher Held!
Coucou, coucou, excellent héros,

Was du gesungen
Ce que tu (as) chanté

Ist dir gelungen,
A à toi réussi,

Winter, Winter, räumet das Feld!
Hiver, hiver, vide les champs (lieux)!

7. Das Steckenpferd.

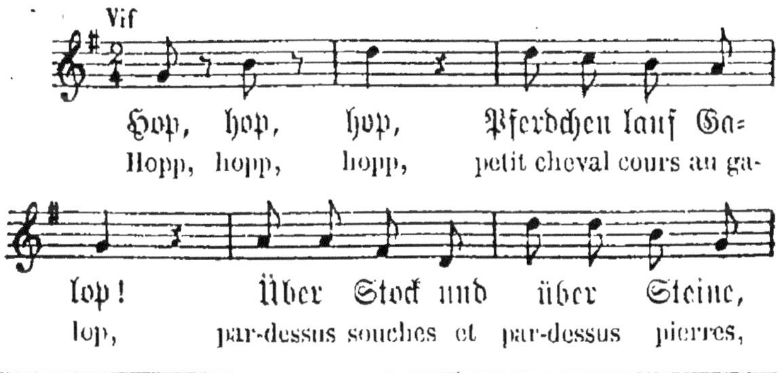

1. Le printemps viendra bientôt.

2. Tipp, tipp, tapp,
Tipp, tipp, tapp,
Wirf mich nur nicht ab,
Jette-moi seulement pas par terre,
Sonst bekommst du Peitschenhiebe,
Sinon auras - tu des coups de cravache,
Pferdchen, thu' mir's nur zu Liebe.
Petit cheval, fais-le-moi seulement par amour[1].
Tipti, tipp tapp, tapp.
Tippti, tippe tappe, tappe.
Wirf mich nur nicht ab.
Jette-moi seulement pas par terre.

8. Kinder, geht.

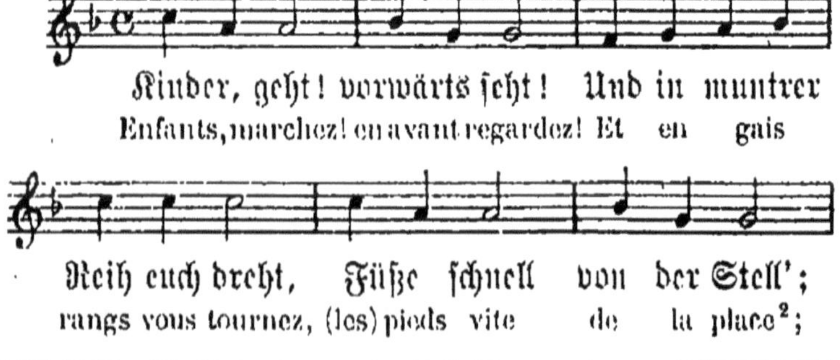

1. Fais-le pour l'amour de moi.
2. Tournez en rond et remuez les pieds.

rund und rund, Seht nicht nieder auf den Grund,
en rond et en rond, (Ne) regardez pas en bas sur le sol,

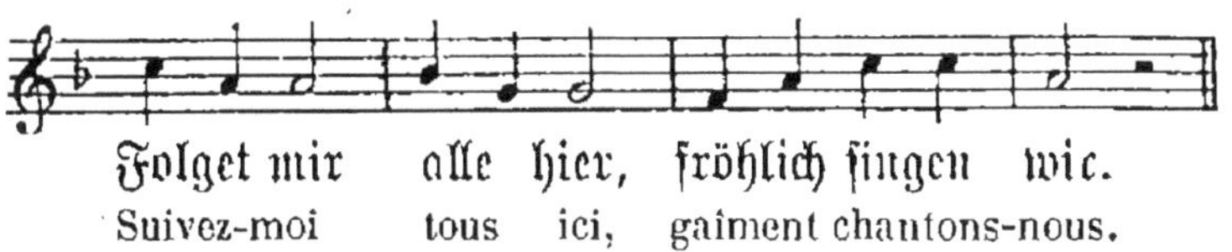

2. Fleiß ist hin! Spiel beginn,
(Le) travail est fini! (que le) jeu commence,

Nun auf Lust und Scherz den Sinn!
(Dirigeons) maintenant vers (le) plaisir et (le) badinage l'esprit.

Schöne Zeit, Heiterkeit
(Le) beau temps, (la) gaieté

Gutem nur geweiht.
(Soient) au bien seulement consacrés.

Faßt euch alle an der Hand!
Prenez-vous tous par la main!

Glücklich ist der Kinderstand,
Heureuse est l'enfance.

Folget mir lustig hier!
Suivez-moi gaiement ici!

Fröhlich singen wir.
Gaiement chantons-nous.

9. Marschierübung.

2. Soldat, Soldat zu spielen,
(Au) soldat, au soldat [de] jouer,

O das ist eine Lust!
O c'est un plaisir!

Zu schreiten hin und wieder
[De] marcher de (côté) et d'autre

Das stärket uns're Glieder,
Cela fortifie nos membres,

Das stärket uns're Brust (*bis*).
Cela fortifie notre poitrine.

LEXIQUE FRANÇAIS-ALLEMAND

Lorsque, après un nom, il y a deux terminaisons entre parenthèses, la première est celle du génitif, et la deuxième celle du pluriel ; quand il n'y en a qu'une seule, c'est celle du pluriel.

Le signe ("), après un nom, indique qu'il prend l'inflexion au pluriel ; le signe (—) indique que le pluriel est semblable au singulier.

Le signe ("), après un adjectif, indique que celui-ci prend l'inflexion au comparatif et au superlatif.

A

à, *prép.*, se rend par le datif après le compl. indirect d'un verbe. Marquant direction vers un lieu : an, auf, bei, in.
acheter, *va.*, kau'fen.
Adélaïde, *spf.*, A'delheid, *f.*
âgé, *adj.*, alt'.
agile, *adj.*, flink'.
agneau, *sm.*, Lamm', *n.* (es, "er).
ai, *ind. prés.*, 1re pers. du sing., ha'be.
aimer, *va.*, lie'ben.
aller, *vn.*, ge'hen.
aller chercher, ho'len.
aller en voiture, fa'hren.
Amélie, *spf.*, Ama'lie, *f.*
André, *spm.*, An'dreas, *m.*
âne, *sm.*, E'sel, *m.* (s, —).
animal, *sm.*, Thier', *n.* (es, e).
animal domestique, Haus'thier', *n.* (es, e).
Anna, *spf.*, An'na, *f.*
Antoine, *spm.*, An'ton, *m.*
Antoinette, *spf.*, Anto'nie, *f.*
appartenir, *vn.*, gehö'ren.
appliqué, *adj.*, flei'ßig.
apprendre, *va.*, ler'nen.
armoire, *sf.*, Schra'nk, *m.* (s, "e)
as, *ind. prés.*, 2e pers., hast.
atteindre, *va.*, errei'chen.
attentif, *adj.*, auf'merksam.
au, aux, *art. contr.*, dem, *plur.* den.
aujourd'hui, *adv.*, heu'te.
aussi, *adv.*, auch.
avais, *imparf. de avoir*, hat'te.
avec, *prép.*, mit (*dat.*).
aveugle, *adj.*, blind'.
avoir, *v. aux.*, ha'ben, *imp.* hat'te, *part. pass.* gehabt'.

B

bague, *sf.*, Ri'ng, *m.* (es, e).
banc, *sm.*, Ba'nk, *f.* ("e).
bas, basse, *adj.*, nie'drig.
bas, *sm.*, Strumpf', *m.* (es, "e).
bâtir, *va.*, bau'en.
bavarder, *vn.*, plau'dern.
beau, belle, *adj.*, schön'.
beau-frère, *sm.*, Schwa'ger, *m.* (s, "—).
belle-sœur, *sf.*, Schwä'gerin (nen).
Benoît, *spm.*, Be'nedict, *m.*
Bernard, *spm.*, Bern'hard, *m.*
bien, *adv.*, gut, schön'.
bien portant, *adj.*, gesund'.
bientôt, *adv.*, bald.
blâmer, *va.*, ta'deln.
blanc, blanche, *adj.*, weiß'.
Blanche, *spf.*, Bla'nka, *f.*
bleu, *adj.*, blau'.
blond, *adj.*, blond'.
bœuf, *sm.*, Ochs', *m.* (sen, sen).
bon, *adj.*, gut'.

bon marché, *adj.*, wohl'feil.
bonnet, *sm.*, Hau'be, *f.* (n).
botte, *sf.*, Stie'fel, *m.* (s, —).
bouche, *sf.*, Mund', *m.* (es, e).
bras, *sm.*, Arm', *m.* (es, e).
brebis, *sf.*, Schaf', *n.* (es, e).
bref, brève, *adj.*, kurz (").
brosse, *sf.*, Bür'ste, *f.* (n).
brosser, *va.*, bür'sten.
brun, *adj.*, braun'.

C

cahier, *sm.*, Heft', *n.* (es, e).
canif, *sm.*, Fe'dermes'ser, *n.* (s, —).
calculer, *va.*, rech'nen.
canne, *sf.*, Stock', *m.* (es, "e).
capitale, *sf.*, Haupt'stadt, *f.* ("e).
car, *conj.*, denn.
Caroline, *spf.*, Ka'rolina.
carré, *adj.*, vier'eckig.
carte (géographique), *sf.*, Land'=kar'te, *f.* (n).
caserne, *sf.*, Kaser'ne, *f.* (n).
casquette, *sf.*, Mü'tze, *f.* (n).
cave, *sf.*, Kel'ler, *m.* (s, —).
ce, cette, ces, *adj. dém.*, die'ser die'se, die'ses; — là, je'ner, je'ne je'nes.
Cecile, *spf.*, Cäci'lia, *f.*
cent, *adj. num.*, Hun'dert.
cerf, *sm.*, Hirsch', *m.* (es, e).
chaise, *sf.*, Stuhl', *m.* (es, "e).
chambre, *sf.*, Zim'mer, *n.* (s, —).
chapeau, *sm.*, Hut', *m.* (es, "e).
Charles, *spm.*, Karl', *m.*
chat, *sm.*, Ka'tze, *f.* (n).
château, *sm.*, Schloß', *n.* (ses, "ser).
chemin de fer, *sm.*, Ei'senbahn', *f.* (en).
cheminée, *sf.*, Kamin', *m.* (es, e).
chemise, *sf.*, Hemd', *n.* (es, en).
cher, *adj.*, theu'er.
chercher, *va.*, su'chen; aller —, ho'len.
cheval, *sm.*, Pferd', *n.* (es, e).
cheveu, *sm.*, Haar', *n.* (es, e).
chèvre, *sf.*, Zie'ge, *f.* (n).
chevreuil, *sm.*, Reh', *n.* (es, e).
chez, *prép.*, bei (*dat.*), zu (*dat.*).
chien, *sm.*, Hund', *m.* (es, e).
cinq, *adj. num.*, fünf'.
cinquante, *adj. num.*, fünf'zig.
clair, *adj.*, hell'.
Claire, *spf.*, Kla'ra.
Clément, *spm.*, Kle'menz.
cœur, *sm.*, Herz', *n.* (ens, en).
combien, *adv.*, wie viel.
comment? *adv.*, wie?
commode, *adj.*, bequem'.
compter, *va.*, zäh'len.
conduire, *va.*, fü'hren.
content, *adj.*, zufrie'den.
corps, *sm.*, Kör'per, *m.* (s, —).
cou, *sm.*, Hals', *m.* (es, "e).
coudre, *va.*, nä'hen.
cour, *sm.*, Hof', *m.* (es, "e).
courageux, *adj.*, mu'thig.
court, *adj.*, kurz' (").
cousin, *sm.*, Vet'ter, *m.* (s, n).
cousine, *sf.*, Ba'se, *f.* (n).
couteau, *sm.*, Mes'ser, *n.* (s, —).
craie, *sf.*, Krei'de, *f.*
cravate, *sf.*, Hals'bin'de, *f.* (n).
crayon, *sm.*, Blei'stift, *m.* (es, e).
cruel, *adj.*, grau'sam.
cuisine, *sf.*, Kü'che, *f.* (n).

D

dans, *prép.*, in (*dat.* et *acc.*).
de, *prép.*, von (*dat*); — signif. avec : mit (*dat.*).
déjà, *adv.*, schon.
demain, *adv.*, mor'gen.
demeurer, *vn.*, woh'nen.
demoiselle, *sf.*, Fräu'lein, *n.* (s, —).
dent, *sf.*, Zahn', *m.* (s, "e),
des, *art. cont.*, ne se traduit pas au *nom.* et à l'*accus.*; *génit.*, der.
dessiner, *va.*, zeich'nen.
deux, *adj. num.*, zwei.

devant, *prép.*, vor (*dat.*).
devenir, *vn.*, wer'den, *imp.* wur'de, *part. pass.*, gewor'den.
devoir, *sm.*, Auf'gabe, *f.* (n).
dire, *va.*, ſa'gen.
dix, *adj. num.*, zehn'.
dix-huit, *adj. num.*, acht'zehn.
dix-neuf, *adj. num.*, neun'zehn.
dix-sept, *adj. num.*, ſieb'zehn.
doigt, *sm.*, Fin'ger, *m.* (s, —).
— **de pied**, Ze'he, *f.* (n).
donner, *va.*, ge'ben.
Dorothée, *spf.*, Dorothe'a.
dos, *sm.*, Rü'cken, *m.* (s, —).
doux, *adj.*, ſanft'.
douze, *adj. num.*, zwölf'.
drap, *sm.*, Tuch', *n.* (es, "er).
du, *art. cont.*, *gén.*, des, der.

E

école, *sf.*, Schu'le, *f.* (n).
écolière, *sf.*, Schü'lerin, *f.* (nen).
écrire, *va.*, ſchrei'ben.
Edmond, *spm.*, Edmund'.
église, *sf.*, Kir'che, *f.* (n).
élève, *sm.*, Schü'ler, *m.* (s, —).
elle, elles, *pron. pers. fém.*, ſie.
en, *prép.*, in (dat.); — *mouv.:* nach (dat.).
encore, *adv.*, noch.
encre, *sf.*, Tin'te, *f.* (n).
encrier, *sm.*, Tin'tenfaß', *n.* (ſes, "ſer).
enfant, *sm.*, Kind', *n.* (es, er).
entendre, *va.*, hö'ren.
épais, *adj.*, dick'.
épaule, *sf.*, Schul'ter, *f.* (n).
épingle, *sf.*, Steck'na'del, *f.* (n).
éponge, *sf.*, Schwamm', *m.* (es, "e).
Ernest, *spm.*, Ernſt', *m.*
Ernestine, *spf.*, Er'neſtine, *f.*
escalier, *sm.*, Trep'pe, *f.* (n).
estomac, *sm.*, Ma'gen, *m.* (s, —).
et, *conj.*, und.
étais, *imp.* de être, war.
été, *part. pass.*, gewe'ſen.

Étienne, *spm.*, Ste'phan, *m.*
Étiennette, *spf.*, Ste'phanie, *f.*
étranger, ère, *adj.*, fremd'.
être, *vn.*, ſein.
étroit, *adj.*, eng'.
eu, *part. pass.*, gehabt'.

F

faible, *adj.*, ſchwach'.
faire, *va.*, ma'chen.
fait, *part. pass.*, gemacht'.
famille, *sf.*, Fami'lie, *f.* (n).
fatigué, *adj.*, mü'de.
faute, *sf.*, Feh'ler, *m.* (s, —).
faux, *adj.*, falſch' (").
femme, *sf.*, Frau', *f.* (en).
fenêtre, *sf.*, Fen'ſter, *n.* (s, —).
fidèle, *adj.*, treu'.
fier, *adj.*, ſtolz'.
fille, *sf.*, Toch'ter, *f.* ("—); **jeune ou petite** —, Mäd'chen, *n.* (s, —); **petite-fille**, En'kelin, *f.* (nen).
fils, *sm.*, Sohn', *m.* (s, "e); **petit-fils**, En'kel, *m.* (s, —).
fin, e, *adj.*, fein'.
fini, *adj.*, fer'tig.
fort, *adj.*, ſtark' (").
François, *spm.*, Franz', *m.*
Françoise, *spf.*, Franzis'ka, *f.*
Frédéric, *spm.*, Fried'rich, *m.*
frère, *sm.*, Bru'der, *m.* (s, "—).
front, *spm.*, Stirn', *f.* (en).

G

gai, *adj.*, fröh'lich.
gant, *sm.*, Hand'ſchuh', *m.* (es, e).
garçon, *sm.*, Kna'be, *m.* (n, n).
gare, *sf.*, Bahn'hof', *m.* (es, "e).
Geneviève, *spf.*, Genove'fa, *m.*
genou, *sm.*, Knie', *n.* (s, —).
gens, *smpl.*, Leu'te, *m. plur.*
gentil, *adj.*, ar'tig.
Geoffroy, *spm.*, Gott'fried, *m.*

Georges, *spm.*, Georg', *m.*
gilet, *sm.*, We'ste, *f.* (n).
glace, *sf.*, Spie'gel, *m.* (s, —).
grand, *adj.*, groß' (").
grand'mère, *sf.*, Groß'mut'ter, *f.* ("—).
grand-père, *sm.*, Groß'va'ter, *m.* ("—).
gras, *adj.*, fett'.
gris, *adj.*, grau'.
gros, *adj.*, dick'.
grossier, *adj.*, grob' (").

H

habit, *sm.*, Kleid', *n.* (es, er).
hâter (se), *v. pron.*, ei'len.
haut, e, *adj.*, hoch; *compar.*, hö'her.
Henri, *spm.*, Hein'rich, *m.*
heureux, se, *adj.*, glück'lich.
hier, *adv.*, ge'stern.
histoire, *sf.*, Geschich'te, *f.* (n).
homme, *sm.* (espèce), Mensch', *m.* (**en, en**); — (sexe), Mann', *m.* (es, "**er**); **jeune** —, *sm.*, Jüng'ling, *m.* (es, e).
hôpital, *sm.*, Spital', *n.* (s, "er).
hôtel, *sm.*, Gast'hof', *m.* (es, "e).
hôtel (de ville), *sm.*, Rath'haus', *n.* (ses, "ser).
huit, *adj. num.*, acht'.
humide, *adj.*, feucht'.

I

ici, *adv.*, hier'.
il, *pr. pers.*, 3e pers., er, sie, es.
ils, *pron. pers.*, 3e pers. plur., sie.
imprudent, *adj.*, un'klug.
institutrice, *sf.*, Leh'rerin, *f.* (**nen**).
interroger, *va.*, fra'gen.

J

Jacques, *spm.*, Ja'kob, *m.*
jambe, *sf.*, Bein', *n.* (es, **e**).
jaquette, *sf.*, Ja'cke, *f.* (n).
jardin, *sm.*, Gar'ten, *m.* (s, ").
jaune, *adj.*, gelb'.
je, *pron. pers.*, ich.
Jean, *spm.*, Jo'hann, *m.*
Jeanne, *spf.*, Johan'na, *f.*
jeune, *adj.*, jung' ("); — **homme**, Jüng'ling, *m.* (s, e).
joli, *adj.*, hübsch'.
joue, *sf.*, Wan'ge, *f.* (n).
jouer, *vn.*, spie'len.
jour, *sm.*, Tag', *m.* (es, e); **un** —, *loc. adv.*, einst.
joyeux, *adj.*, fröh'lich.
Jules, *spm.*, Ju'lius, *m.*
Julie, *spf.*, Ju'lia, *f.*

L

la, *art. fém.*, die.
laid, *adj.*, häß'lich.
langue, *sf.*, Zun'ge, *f.* (n).
large, *adj.*, breit', weit.
Laurent, *spm.*, Lo'renz, *m.*
laver, *va.*, wa'schen.
le, *art. sing.*, der, die, das.
leçon, *sf.*, Lection', *f.* (en).
Léon, *spm.*, Le'o, *m.*
les, *art. pl.*, die.
leste, *adj.*, flink'.
lettre, *sf.*, Brief' (es, e).
leur, *adj. poss.*, ihr, ihre, ihr.
lèvre, *sf.*, Lip'pe, *f.* (n).
lièvre, *sm.*, Ha'se, *m.* (n, n).
lion, *sm.*, Lö'we, *m.* (n, n).
lire, *va.*, le'sen.
lit, *sm.*, Bett', *n.* (es, **en**).
livre, *sm.*, Buch', *n.* (es, "er).
loger, *va.*, logi'ren.
long, *adj.*, lang' (").
longtemps, *adv.*, lan'ge.
louer, *va.*, lo'ben.
Louis, *spm.*, Lud'wig, *m.*
Louise, *spf.*, Lui'se, *f.*
loup, *sm.*, Wolf', *m.* (es, "e).
Lucie, *spf.*, Lu'cia, *f.*
Lycée, *sm.*, Gym'nasium, *n.* (s, **ien**).

M

ma, *adj. poss.*, mei'ne.
Madeleine, *spf.*, Magdale'na, *f.*
magasin, *sm.*, La'den, *m.* (s, "—).
magnifique, *adj.*, präch'tig.
maigre, *adj.*, ma'ger.
main, *sf.*, Hand', *f.* ("e).
maintenant, *adv.*, jetzt.
mais, *conj.*, aber.
maison, *sf.*, Haus', *n.* (ses, "er).
maint, *adj. ind.*, man'cher, e, es.
malade, *adj.*, krank' (").
malpropre, *adj.*, schmu'tzig.
malheureux, *adj.*, un'glücklich.
manteau, *sm.*, Man'tel, *m.* (s", —).
marché, *sm.*, Markt', *m.* (es, "e); **bon —**, wohl'feil.
marcher, *vn.*, ge'hen.
Marguerite, *spf.*, Margare'tha, *f.*
Marie, *spf.*, Ma'ria, *f.*
Marthe, *spf.*, Mar'tha, *f.*
Maurice, *spm.*, Mo'ritz, *m.*
méchant, *adj.*, bö'se.
meilleur, *comp. de bon*, bes'ser.
mère, *sf.*, Mut'ter, *f.* ("—).
mes, *adj. poss.*, mei'ne.
Michel, *spm.*, Mi'chael, *m.*
mignon, *adj.*, nied'lich.
mille, *adj. num.*, tau'send.
mince, *adj.*, dünn'.
mon, *adj. poss.*, mein, meine.
montre, *sf.*, Uhr', *f.*; Ta'schen-uhr', *f.* (en).
montrer, *va.*, zei'gen.
mort, *adj.*, todt'.
mot, *sm.*, Wort', *n.* (es, "er).
mouchoir, *sm.*, Ta'schentuch' (es, ["er).
muet, *adj.*, stumm'.
mur, *sm.*, Mau'er, *f.* (n).

N

ne... pas, *adv.*, nicht.
ne... plus, *adv.*, nicht mehr.
neuf, *adj.*, neu'.
neuf, *adj. num.*, neun'.
neveu, *sm.*, Nef'fe, *m.* (n, n).
nez, *sm.*, Na'se, *f.* (n).
nièce, *sf.*, Nich'te, *f.* (n).
noir, *adj.*, schwarz' (").
non, *adv.*, nein.
notre, nos, *adj. poss.*, unser, unsere, unser; *plur.* unsern.
nous, *pron. pers.*, wir.
nouveau (de), *adv.*, wie'der.
nuisible, *adj.*, schäd'lich.

O

obéir, *vn.*, fol'gen, gehor'chen.
obéissant, *adj.*, gehor'sam.
œil, *sm.*, Au'ge, *n.* (s, **n**).
ombrelle, *sf.*, Son'nenschirm', *m.* [(s, e).
on, *pron. ind.*, man.
oncle, *sm.*, On'kel, *m.* (s, —).
ongle, *sm.*, Na'gel, *m.* (s, "—).
oreille, *sm.*, Ohr', *n.* (s, **en**).
orteil, *sm.*, Ze'he, *f.* (n).
ou, *conj.*, oder.
où, *adv.*, wo.
oui, *adv.*, ja.
ours, *sm.*, Bär', *m.* (**en, en**).
ouvert, *adj.*, of'fen.
ouvrir, *va.*, öf'fnen.

P

pâle, *adj.*, blaß' (").
pantalon, *sm.*, Ho'sen, *f. plur.*
papier, *sm.*, Papier', *n.* (s, **e**).
paralysé, *adj.*, lahm'.
parapluie, *sm.*, Re'genschirm', *m.* (s, e).
parents, *sm. plur.*, El'tern, *m. pl.*
paresseux, *adj.*, trä'ge.
parler, *vn.*, re'den.
pas encore, *adv.*, noch nicht.
pauvre, *adj.*, arm' (").
peigne, *sm.*, Kamm', *m.* (es, "e).
peigner, *va.*, käm'men.
pendule, *sf.*, Stand'uhr, *f.* (en).
père, *sm.*, Va'ter, *m.* (s, "—).
petit, *adj.*, klein.
petit-fils, *sm.*, En'kel, *m.* (s, —).

petite-fille, *sf.*, En'kelin, *f.* (nen).
pied, *sm.*, Fuß', *m.* (es, "e).
Pierre, *spm.*, Pe'ter, *m.*
place, *sf.*, Platz', *m.* (es, "e).
pleurer, *vn.*, wei'nen.
plume, *sf.*, Fe'der, *f.* (n).
plus, *adv.*, mehr.
poche, *sf.*, Ta'sche, *f.* (n).
poêle, *sm.*, O'fen, *m.* (s, "—).
poitrine, *sf.*, Brust', *f.* ("e).
poli, *adj.*, höf'lich.
poltron, *adj.*, fei'ge.
pont, *sm.*, Brü'cke, *f.* (n).
populeux, *adj.*, volk'reich.
porc, *sm.*, Schwein', *n.* (es, e).
porte, *sf.*, Thür', *f.* (en); — **de ville**, Thor', *n.* (es, e).
porte-monnaie, *sm.*, Geld'ta'sche, *f.* (n).
porter, *vn.*, tra'gen.
poste, *sf.*, Post, *f.*
pour, *prép.*, für (*acc.*).
prison, *sf.*, Gefäng'niß, *n.* (sses, sse).
professeur, *sm.*, Leh'rer, *m.* (s, —).
propre, *adj.*, sau'ber, rein'lich.
protéger, *va.*, schü'tzen.
prudent, *adj.*, klug'.
punir, *va.*, stra'fen.
pupitre, *sm.*, Pult', *n.* (es, e).

Q

quarante, *adj. num.*, vier'zig.
quatorze, *adj. num.*, vier'zehn.
quatre, *adj. num.*, vier.
quatre-vingts, *adj. num.*, acht'zig.
quatre-vingt-dix, *adj. num.*, neun'zig.
quel, quelle, quels, *adj. interr.*, wel'cher e, es, *plur.*, welche.
quinze, *adj. num.*, fünf'zehn.

R

raconter, *va.*, erzäh'len.
raide, *adj.*, steif'.
rat, *sm.*, Rat'te, *f.* (n).
récompenser, *va.*, beloh'nen.
règle, *sf.*, Lineal', *n.* (es, e).
renard, *sm.*, Fuchs', *m.* (ses, "e).
répondre, *vn.*, ant'worten.
respirer, *vn.*, ath'men.
riche, *adj.*, reich'.
rire, *vn.*, la'chen.
robe, *sf.*, Rock', *m.* (es, "e).
rond, *adj.*, rund'.
rouge, *adj.*, roth'.
rue, *sf.*, Stra'ße, *f.* (n).
ruelle, *sf.*, Gäß'chen, *n.* (s, —).
rusé, *adj.*, schlau'.

S

sa, *adj. poss.*, sei'ne.
sage, *adj.*, ar'tig.
sale, *adj.*, schmu'tzig.
salle (de classe, d'école), *sf.*, Schul'saal, *m.* (s, säle).
sanglier, *sm.*, Wild'schwein, *n.* (es, e).
sauter, *vn.*, sprin'gen.
savant, *adj.*, gelehrt'.
sec, sèche, *adj.*, tro'cken.
ses, *adj. poss. plur.*, sei'ne.
seize, *adj. num.*, sech'zehn.
sévère, *adj.*, streng'.
singe, *sm.*, Af'fe, *m.* (n, n).
six, *adj. num.*, sechs'.
sœur, *sf.*, Schwe'ster, *f.* (n).
soigner, *va.*, pfle'gen.
sois, *impér.* de être, sei'.
soixante, *adj. num.*, sech'zig.
soixante-dix, *adj. num.*, sieb'zig.
sombre, *adj.*, fin'ster.
son, *adj. poss.*, sein'.
Sophie, *spf.*, So'phia.
sot, *adj.*, dumm' (").
soulier, *sm.*, Schuh', *m.* (es, e).
sourd, *adj.*, taub'.
souris, *sf.*, Maus', *f.* (se).
sous, *prép.*, unter (*dat.* et *acc.*).
souvent, *adv.*, oft.
stupide, *adj.*, dumm'.
suis (je), *ind. prés.*, ich bin.
sur, *prép.*, auf (*dat.* et *acc.*).
Suzanne, *spf.*, Su'sanna, *f.*

T

ta, *adj. poss.*, dein, deine.
table, *sf.*, Tisch', *m.* (es, e).
tableau, *sm.*, Gemä'lde, *n.* (s, —).
tableau (noir), *sm.*, Schul'ta'fel, *f.* (n).
tablier, *sf.*, Schür'ze, *f.* (n).
tante, *sf.*, Tan'te, *f.*, (n).
tes, *adj. poss. plur.*, deine.
tête, *sf.*, Kopf', *m.* (es, "e).
théâtre, *sm.*, Thea'ter, *n.* (s, —).
Thierry, *spm.*, Die'trich, *m.*
tigre, *sm.*, Ti'ger, *m.* (s, —).
toit, *sm.*, Dach', *n.* (s, "er).
ton, ta, *adj. poss.*, dein, dei'ne, dein; *plur.* deine.
tortueux, *adj.*, krumm' (").
toujours, *adv.*, im'mer.
tout à fait, *adv.*, ganz.
travailler, *vn.*, ar'beiten.
treize, *adj. num.*, drei'zehn.
trente, *adj. num.*, drei'ßig.
très, *adv.*, sehr.
tricoter, *va.*, stri'cken.
triste, *adj.*, trau'rig.
trois, *adj. num.*, drei'.
trop, *adv.* (devant *adj.*), zu.
tu, *pron. pers.*, du.

U

un, *adj. num.*, eins.
un, une, *art. ind.*, ein, eine, ein.
utile, *adj.*, nütz'lich.

V

vache, *sf.*, Kuh', *f.* ("e).
veau, *sm.*, Kalb', *n.* (es, "er).
vendre, *va.*, verkau'fen.
ventre, *sm.*, Bauch', *m.* (es, "e).
vert, *adj.*, grün'.
vêtement, *sm.*, Kleid', *n.* (es, er), Klei'dungsstück', *n.* (s, e).
Victoire, *spf.*, Victo'ria, *f.*
vieillard, *sm.*, Greis', *m.* (ses, se).
vieux, *adj.*, alt' (").
vigilant, *adj.*, wach'sam.
vilain, *adj.*, häß'lich.
ville, *sf.*, Stadt', *f.* ("e).
vingt, *adj. num.*, zwan'zig.
visage, *sm.*, Gesicht', *n.* (es, er).
vite, *adj.*, schnell'.
vivre, *vn.*, le'ben.
voici, *adv.* (ici est), hier ist; — (ici sont), hier sind.
voilà, *adv.* (là est), da ist; — (là sont), da sind.
voir, *vn.*, se'hen.
votre, *adj. poss.*, eu'er, eu're, eu'er.
vous, *pron. pers.*, ihr.

LEXIQUE ALLEMAND-FRANÇAIS

A

Aber, *conj.*, mais.
acht, *adj. num.*, huit.
acht'zehn, *adj. num.*, dix-huit.
acht'zig, *adj. num.*, quatre-vingts.
A'delheid, *spf.*, Adélaïde, *f.*
Af'fe, *sm.* (n, n), singe, *m.*
alt, *adj.*, âgé, vieux.
an, *prép.* (*dat.* et *acc.*), à, sur, près de.
An'dreas, *spm.*, André, *m.*
An'na, *spf.*, Anne, *f.*
An'ton, *spm.*, Antoine, *m.*
Anto'nie, *spf.*, Antoinette, *f.*
ant'worten, *vn.*, répondre.
ar'beiten, *vn.*, travailler.
arm, *adj.* ("), pauvre.
Arm', *sm.* (es, e), bras, *m.*
ar'tig, *adj.*, gentil, sage.
ath'men, *vn.*, respirer.
auch, *adv.*, aussi.
auf, *prép.* (*dat.* et *acc.*), sur, à.
Auf'gabe, *sf.* (n), devoir, *m.*
auf'merksam, *adj.*, attentif.
Au'ge, *sn* (s, n), œil, *m.*

B

Bahn'hof, *sm.* (s, "e), gare, *f.*
Bank', *sf.* ("e), banc, *m.*
Bär', *sm.* (**en, en**), ours, *m.*
Ba'se, *sf.* (n), cousine, *f.*
Bauch', *sm.* (es, "e), ventre, *m.*
bau'en, *va.*, bâtir.
bei, *prép.* (*dat.*), chez, près de.
Bein', *sn.* (es, e), jambe, *f.*
beloh'nen, *va.*, récompenser.
Be'nedict, *spm.*, Benoît, *m.*
bequem', *adj.*, commode.
Bern'hard, *spm.*, Bernard, *m.*
bes'ser, *comp. de* **gut**, meilleur.
Bett', *sn.* (es, **en**), lit, *m.*
bin (**ich**), *ind. prés.* (1re pers.), je suis.
bist (**du**), *ind. prés.* (2e pers.), tu es.
Blan'ka, *spf.*, Blanche, *f.*
blaß', *adj.*, pâle.
blau', *adj.*, bleu.
Blei'stift, *sm.* (es, e), crayon, *m.*
blind', *adj.*, aveugle.
blond', *adj.*, blond.
bö'se, *adj.*, méchant.
braun', *adj.*, brun.
breit', *adj.*, large.
Brief', *sm.* (es, e), lettre, *f.*
Brü'cke, *sf.* (n), pont, *m.*
Bru'der, *sm.* (s, "—), frère, *m.*
Brust', *sf.* ("e), poitrine, *f.*
Buch', *sn.* (es, "er), livre, *m.*
Bür'ste, *sf.* (n), brosse, *f.*
bür'sten, *va.*, brosser.

C

Cäci'lia, *spf.*, Cécile, *f.*
Cle'menz, *spm.*, Clément, *m.*

D

da, *adv.*, là.
da ist, voilà.
Dach', *sn.* (es, "er), toit.

das, *art. neut.*, le.
dein, deine, dein, *adj. poss.*, ton, ta.
dem, *dat. masc. ou neut. de l'art.*, au, à la.
den, *accus. masc. de l'art.* le, la.
denn, *conj.*, car.
der, *art. masc.* le, la; *gén. ou dat. fém.*, du, à la.
des, *gén. masc.* ou *neut. de l'art.*, du, de la.
dick', *adj.*, épais, gros.
die, *art. plur.*, les.
dieser, e, es, *adj. dém.*, ce, cette.
Die'trich, *spm.*, Thierry, *m.*
Dorothe'a, *spf.*, Dorothée, *f.*
drei, *adj. num.*, trois.
drei'ßig, *adj. num.*, trente.
drei'zehn, *adj. num.*, treize.
du, *pron. pers.*, tu.
dumm', *adj.*, stupide.
dun'kel, *adj.*, sombre.
dünn', *adj.*, mince.

E

Ed'mund, *spm.*, Edmond, *m.*
ei'len, *vn.*, se hâter
ein, eine, ein, *art. indéf.*, un, une.
eins, *adj. num.*, un.
einst, *adv.*, un jour, autrefois.
Ei'senbahn', *sf.* (en), chemin de fer, *m.*
elf, *adj. num.*, onze.
El'tern, *sm. pl.*, parents, *m. pl.*
eng', *adj.*, étroit.
En'kel, *sm.* (s, —), petit-fils, *m.*
En'kelin, *sf.* (nen), petite-fille, *f.*
er, *pron. pers.*, il.
Ernst', *spm.*, Ernest, *m.*
Ernesti'ne, *spf.*, Ernestine, *f.*
errei'chen, *va.*, atteindre.
erzäh'len *va.*, raconter.
es, *pron. pers. neut.*, il, cela.
E'sel, *sm.* (s, —), âne, *m.*

F

fah'ren, *vn.*, aller en voiture.
falsch', *adj.*, faux.
Fe'der, *sf.* (n), plume, *f.*
Fe'dermes'ser, *sn.* (s, —), canif, *m.*
Feh'ler, *sm.* (s, —), faute, *f.*
feig', *adj.*, poltron, lâche.
fein', *adj.*, fin.
Fen'ster, *sn.*, (s, —), fenêtre, *f.*
fer'tig, *adj.*, fini, prêt.
fett', *adj.*, gras.
feucht', *adj.*, humide.
Fin'ger, *sm.* (s, —), doigt, *m.*
flei'ßig, *adj.*, appliqué.
flink', *adj.*, leste, agile.
fra'gen, *va.*, interroger.
Franz', *spm.*, François, *m.*
Franzis'ka, *spf.*, Françoise, *f.*
Frau', *sf.* (en), femme, *f.*
Fräu'lein, *sn.* (s, —), demoiselle, *f.*
fremd', *adj.*, étranger.
freu'en (sich), *vpr.*, se réjouir,
Fried'rich, *spm.*, Frédéric, *m.*
fröh'lich, *adj.*, joyeux, gai.
Fuchs', *sm.* (s, "e), renard, *m.*
füh'ren, *va.*, conduire, mener.
fünf', *adj. num.*, cinq.
fünf'zehn, *adj. num.*, quinze.
fünf'zig, *adj. num.*, cinquante.
für, *prép. (acc.)*, pour.
Fuß', *sm.* (es, "e), pied, *m.*

G

ganz, *adv.*, tout à fait.
Gar'ten, *sm.* (s, "—), jardin, *m.*
Gast'hof, *sm.* (es, "e), hôtel, *m.*
Gäß'chen, *sn.* (s, —), ruelle, *f.*
Gefäng'niß, *sn.* (sses, sse), prison, *f.*
ge'hen, *vn.*, aller.
gehö'ren, *vn.*, appartenir.
gehor'sam, *adj.*, obéissant.
gelb', *adj.*, jaune.

Geld'ta'sche, *sf.* (n), porte-monnaie.
gelehrt', *adj.*, savant.
Gemäl'de, *sn.* (s, —), tableau, *m.*
Genove'fa, *spf.*, Geneviève, *f.*
Georg', *spm.*, Georges, *m.*
gera'de, *adj.*, droit.
Geschich'te, *sf.* (n), histoire, *f.*
Gesicht', *sn.* (es, er), visage, *m.*
ge'stern, *adv.*, hier.
gesund', *adj.*, bien portant.
gewe'sen, *part. passé* de **sein,** être.
gewor'den, *part. passé* de **werden,** devenu.
glück'lich, *adj.*, heureux.
Gott'fried, *spm.*, Geoffroy, *m.*
grau', *adj.*, gris.
grau'sam, *adj.*, cruel.
Greis, *sm.* (ses, se), vieillard, *m.*
grob ("), *adj.*, grossier.
groß ("), *adj.*, grand.
Groß'mut'ter, *sf.* ("—), grand-mère, *f.*
Großva'ter, *sm.* (s, "—), grand'-père.
gut, *adj.*, bon.
Gymna'sium, *sn.* (s, **ien**), lycée, *m.*

H

Haar', *sn.* (s, **e**), cheveu, *m.*
ha'be (ich), *ind. prés.*, 1re pers., j'ai.
ha'ben, *v. aux.*, avoir.
habt (ihr), *ind. prés.*, 2e pers. plur., vous avez.
Hals', *sm.* (ses, "se), cou, *m.*
Hals'bin'de, *sf.* (n), cravate, *f.*
Hand', *sf.* ("e), main, *f.*
Hand'schuh, *sm.* (es, e), gant, *m.*
Ha'se, *sm.* (n, n), lièvre, *m.*
hast (du), *ind. prés.*, 2e *pers.*, tu as.
häß'lich, *adj.*, laid.
hat (er), *ind. prés.*, 3e *pers.*, il a.
hat'te, *imparf.* de **haben,** avoir.

Hau'be, *sf.* (n), bonnet, *m.*
Haus', *sn.* (ses, "er), maison, *f.*
Haus'thier', *sn.* (es, **e**), animal domestique.
Heft', *sn.* (es, **e**), cahier, *m.*
Hein'rich, *spm.*, Henri, *m.*
hell', *adj.*, clair.
Hemd', *sn.* (es, **en**), chemise, *f.*
Herz', *sn.* (**ens, en**), cœur, *m.*
heu'te, *adv.*, aujourd'hui.
hier, *adv.*, ici ; — **ist,** voici.
hinter, *prép.*, derrière.
Hirsch', *sm.* (es, e), cerf, *m.*
hoch', *adj.*, haut ; *comp.* **hö'her.**
Hof', *sm.* (es, "), cour, *f.*
höf'lich, *adj.*, poli.
ho'len, *va.*, aller chercher.
hö'ren, *va.*, entendre.
Ho'sen, *sf. plur.*, pantalon, *m.*
hübsch', *adj.*, joli.
Hund', *sm.* (es, e), chien, *m.*
hun'dert, *adj. num.*, cent.
Hut' *sm.* (es, "e), chapeau, *m.*

I

ich, *pron. pers.*, je, moi.
ihr, *pron. pers.*, 2e *pers. plur.*, vous.
ihr, ihre, ihr, *adj. poss.*, leur.
im'mer, *adv.*, toujours.
in, *prép.* (*dat.* et *acc.*), dans, en.
ist, *ind. prés.*, 3e *pers.*, est.

J

ja, *adv.*, oui.
Ja'cke, *sf.* (n), jaquette, *f.*
Ja'kob, *spm.*, Jacques, *m.*
je'der, e, es, *adj. ind.*, chaque.
je'ner, e, es, *adj. dém.*, ce, cette... là.
jetzt, *adv.*, maintenant.
Jo'hann, *spm.*, Jean, *m.*
Johan'na, *spf.*, Jeanne, *f.*
Ju'lie, *spf.*, Julie, *f.*

Ju'lius, *spm.*, Jules, *m.*
jung', *adj.*, jeune.
Jüng'ling, *sm.* (s, e), jeune homme.

K

Kalb', *sn.* (es, "er), veau, *m.*
Kamin', *sm.* (s, e), cheminée, *f.*
Kamm', *sm.* (s, "e), peigne, *m.*
käm'men, *va.*, peigner.
Karl', *spm.*, Charles, *m.*
Karoli'ne, *spf.*, Caroline, *f.*
Kaser'ne, *sf.* (n), caserne, *f.*
Ka'tze, *sf.* (n), chat, *m.*
kau'fen, *va.*, acheter.
Kel'ler, *sm.* (s, —), cave, *f.*
Kind', *sn.* (es, er), enfant, *m.*
Kir'che, *sf.* (n), église, *f.*
Kla'ra, *spf.*, Claire, *f.*
Kleid', *sn.* (es, er), habit, *m.*
klein', *adj.*, petit.
Kle'menz, *spm.*, Clément, *m.*
klug', *adj.*, prudent.
Kna'be, *sm.* (n, n), garçon, *m.*
Knie', *sn.* (s, e), genou, *m.*
Kopf', *sm.* (es, "e), tête, *f.*
Kör'per, *sm.* (s, —), corps, *m.*
krank', *adj.*, malade.
Krei'de, *sf.* (n), craie, *f.*
krumm', *adj.*, tortueux.
Kü'che, *sf.* (n), cuisine, *f.*
Kuh', *sf.* ("e), vache, *f.*
kurz', *adj.*, court.

L

la'chen, *vn.*, rire.
La'den, *sm.* (s, "—), magasin, *m.*
lahm', *adj.*, paralysé, perclus.
Lamm', *sn.* (s, "er), agneau, *m.*
Land'kar'te, *sf.* (n), carte géographique.
lang, *adj.* ("), long.
lan'ge, *adv.*, longtemps.
le'ben, *vn.*, vivre.
Lec'tion, *sf.* (en), leçon, *f.*
Leh'rer, *sm.* (s, —), professeur, *m.*
Leh'rerin, *sf.* (nen), institutrice, *f.*
Le'o, *spm.*, Léon, *m.*
ler'nen, *va.*, apprendre.
le'sen, *va* , lire.
Leu'te, *sm. plur.*, gens, *mpl.*
lie'ben, *va.*, aimer.
Lineal', *sn.* (es, e), règle, *f.*
Lip'pe, *sf.* (n), lèvre, *f.*
lo'ben, *va.*, louer.
logi'ren, *vn.*, loger.
Lo'renz, *spm.*, Laurent, *m.*
Lö'we, *sm.* (n, n), lion, *m.*
Lu'cia, *spf.*, Lucie, *f.*
Lud'wig, *spm.*, Louis, *m.*
Lui'se, *spf.*, Louise, *f.*

M

ma'chen, *va.*, faire.
Mäd'chen, *sn.* (s, —), jeune *ou* petite fille, *f.*
Magdale'na, *spf.*, Madeleine, *f.*
Ma'gen, *sm.* (s, "—), estomac, *m.*
ma'ger, *adj.*, maigre.
man, *pron. indéf.*, on.
Mann', *sm.* (es, "**er**), homme (sexe), *m.*
Man'tel, *sm.* (s, "—), manteau, *m.*
Margare'tha, *spf.*, Marguerite, *f.*
Ma'ria, *spf.*, Marie, *f.*
Markt', *sm.* (es, "e), marché, *m.*
Mar'tha, *spf.*, Marthe, *f.*
Mau'er, *sf.* (n), mur, *m.*
Maus', *sf.* ("**se**), souris, *f.*
mehr, *adv.*, plus.
mein, meine, mein, *adj. poss.*, mon, ma, mes.
Mensch', *sm.* (**en, en**), homme (espèce), *m.*
Mes'ser, *sn.* (s, —), couteau, *m.*
Mi'chael, *spm.*, Michel, *m.*

mit, *prép.* (*dat.*), avec.
Mo'ritz, *spm.*, Maurice, *m.*
mü'de, *adj.*, fatigué.
Mund', *sm.* (es, e), bouche, *f.*
mu'thig, *adj.*, courageux.
Mut'ter, *sf.* ("—), mère, *f.*
Mü'tze, *sf.* (n), casquette, *f.*

N

nach, *prép.* (*dat.*), après.
Na'gel, *sm.* (s, "—), ongle.
nä'hen, *va.*, coudre.
Na'se, *sf.* (n), nez, *m.*
Nef'fe, *sm.* (n, n), neveu, *m.*
nein, *adv.*, non.
neu, *adj.* neuf, nouveau.
neun, *adj. num.*, neuf.
neun'zehn, *adj. num.*, dix-neuf.
neun'zig, *adj. num.*, quatre-vingt-dix.
nicht, *adv.*, ne... pas; — **mehr,** ne... plus.
Nich'te, *sf.* (n), nièce, *f.*
nied'lich, *adj.*, mignon.
nied'rig, *adj.*, bas.
noch, *adv.*, encore; — **nicht,** pas encore.
nütz'lich, *adj.*, utile.

O

Ochs', *sm.* (**sen, sen**), bœuf, *m.*
oder, *conj.*, ou.
O'fen, *sm.* (s, "—), poêle, *m.*
of'fen, *adj.*, ouvert.
öf'fnen, *va.*, ouvrir.
oft, *adv.*, souvent.
Ohr', *sn.* (es, **en**), oreille, *f.*
On'kel, *sm.* (s, —), oncle, *m.*

P

Papier', *sn.* (s, **e**), papier, *m.*
Pe'ter, *spm.*, Pierre, *m.*
Pferd', *sn.* (es, **e**), cheval, *m.*
pfle'gen, *va.*, soigner.
Platz', *sm.* (es, "e), place, *f.*
plau'dern, *vn.*, bavarder.
plump', *adj.*, lourd, grossier.
Post', *sf.* (en), poste, *f.*
präch'tig, *adj.*, magnifique.
Pult', *sn.* (es, **e**), pupitre.

R

Rath'haus', *sn.* (ses, "ser), hôtel de ville.
Rat'te, *sf.* (n), rat, *m.*
rech'nen, *va.*, calculer.
re'den, *vn.*, parler.
Re'genschirm', *sm.* (es, e), parapluie.
Reh', *sn.* (s, **e**), chevreuil, *m.*
reich', *adj.*, riche.
rein'lich, *adj.*, propre.
Ring', *sm.* (es, e), bague, *f.*
Rock', *sm.* (es, "e), robe, *f.*
roth', *adj.*, rouge.
Rü'cken, *sm.* (s, —), dos, *m.*
rund, *adj.*, rond.

S

sa'gen, *vn.*, dire.
sanft', *adj.*, doux.
sau'ber, *adj.*, propre.
schäd'lich, *adj.*, nuisible.
Schaf', *sn.* (es, **e**), brebis, *f.*
schlau', *adj.*, rusé.
Schloß', *sn.* (sses, "sser), château, *m.*
schmal', *adj.*, étroit.
schmu'tzig, *adj.*, malpropre.
schon, *adv.*, déjà.
schön', *adj.*, beau.
Schrank', *sm.* (es, "e), armoire, *f.*
schrei'ben, *va.*, écrire.
Schuh', *sm.* (es, e), soulier, *m.*
Schu'le, *sf.* (n), école, *f.*
Schü'ler, *sm.* (s, —), élève, *m.*

Schü'lerin, *sf.* (**nen**), écolière, *f.*
Schul'saal, *sm.* (**s**, "**säle**), salle de classe, *f.*
Schul'ta'fel, *sf.* (**n**), tableau noir, *m.*
Schul'ter, *sf.* (**n**), épaule, *f.*
Schür'ze, *sf.*, tablier, *m.*
schü'tzen, *va.*, protéger.
schwach', *adj.*, faible.
Schwa'ger, *sm.* (**s**, —), beau-frère, *m.*
Schwä'gerin, *sf.* (**nen**), belle-sœur, *f.*
Schwamm', *sm.* (**s**,"**e**), éponge, *f.*
schwarz' ("), *adj.*, noir.
Schwein', *sn.* (**s**, **e**), porc, *m.*
Schwe'ster, *sf.* (**n**), sœur, *f.*
sechs, *adj. num.*, six.
sech'zehn, *adj. num.*, seize.
sech'zig, *adj. num.*, soixante.
se'hen, *va.*, voir.
sehr, *adv.*, très.
sei, *impér.* de **sein,** sois.
sein, seine, sein, *adj. poss.*, son, sa, ses.
sie, *pron. pers.*, 3e *pers. plur.*, ils, elles.
sie'ben, *adj. num.*, sept.
sieb'zehn, *adj. num.*, dix-sept.
sieb'zig, *adj. num.*, soixante-dix.
sind, *ind. prés.*, 1re ou 3e *pers.* de **sein,** sommes *ou* sont.
Sohn', *sm.* (**es**, "**e**), fils, *m.*
Son'nenschirm', *sm.* (**es**, **e**), ombrelle, *f.*
So'phie, *spf.*, Sophie, *f.*
Spie'gel, *sm.* (**s**, —), glace, *f.*
spie'len, *vn.*, jouer.
Spital', *sn.* (**s**, "**er**), hôpital, *m.*
sprin'gen, *vn.*, sauter.
stark' ("), *adj.*, fort.
Steck'na'del, *sf.* (**n**), épingle, *f.*
steif', *adj.*, raide.
Ste'phan, *spm.*, Étienne, *m.*
Stepha'nie, *spf.*, Étiennette, *f.*
Stie'fel, *sm.* (**s**, —), botte, *f.*
Stirn', *sf.* (**en**), front, *m.*
Stock', *sm.* (**s**, "**e**), canne, bâton, *m.*
stolz', *adj.*, fier.
stra'fen, *va.*, punir.
Stra'ße, *sf.* (**n**), rue, route, *f.*
streng', *adj.*, sévère.
stri'cken, *va.*, tricoter.
Strumpf', *sm.* (**es**, "**e**), bas, *m.*
Stuhl', *sm.* (**es**, "**e**), chaise, *f.*
stumm', *adj.*, muet.
su'chen, *va.*, chercher.
Susan'na, *spf.*, Suzanne, *f.*

T

ta'deln, *va.*, blâmer.
Tan'te, *sf.* (**n**), tante, *f.*
Ta'sche, *sf.* (**n**), poche, *f.*
Ta'schentuch, *sn.* (**es**, "**er**), mouchoir, *m.*
Ta'schenuhr', *sf.* (**en**), montre, *f.*
taub', *adj.*, sourd.
tau'send, *adj. num.*, mille.
Thea'ter, *sn.* (**s**, —), théâtre, *m.*
theu'er, *adj.*, cher.
Thor', *sn.* (**es**, **e**), porte (cochère *ou* de ville).
Thür', *sf.* (**en**), porte, *f.*
Ti'ger, *sm.* (**s**, —), tigre, *m.*
Tin'te, *sf.* (**n**), encre, *f.*
Tin'tenfaß', *sn.* (**sses**, "**sser**), encrier, *m.*
Tisch', *sm.* (**es**, **e**), table, *f.*
Toch'ter, *sf.* ("—), fille, *f.*
todt', *adj.*, mort.
trä'ge, *adj.*, paresseux.
tra'gen, *va.*, porter.
trau'rig, *adj.*, triste.
Trep'pe, *sf.* (**n**), escalier, *m.*
treu', *adj.*, fidèle.
tro'cken, *adj.*, sec.
Tuch', *sn.* (**es**, "**er**), drap, *m.*

U

über, *prép.* (*dat.* et *acc.*), sur.
Uhr', *sf.* (**en**), montre, *f.*
um, *prép.* (*acc.*), autour.

und, *conj.*, et.
un'glück'lich, *adj.*, malheureux.
un'klug', *adj.*, imprudent.
un'ser, un'sere, un'ser, *adj. poss.*, notre, nos.
un'ter, *prép.* (*dat.* et *acc.*), sous.

V

Va'ter, *sm.* (s, "—), père, *m.*
verkau'fen, *va.*, vendre.
Vet'ter, *sm.* (s, n), cousin, *m.*
Victo'ria, *spf.*, Victoire, *f.*
viel (e), *adj.* et *adv.*, beaucoup (de).
vier, *adj. num.*, quatre.
vier'zehn, *adj. num.*, quatorze.
vier'zig, *adj. num.*, quarante.
vier'eckig, *adj.*, carré.
volk'reich, *adj.*, populeux.
von, *prép.* (*dat.*), de, par.
vor, *prép.*, devant.

W

wach'sam, *adj.*, vigilant.
Wan'ge, *sf.* (n), joue, *f.*
war, *imp.* de **sein,** étais.
was? *pron. interr.*, que?
wa'schen, *va.*, laver.
wei'nen, *vn.*, pleurer.
weiß', *adj.*, blanc.
weit, *adj.*, loin.
welch'er, e, s? *adj. interr.*, quel? quelle?
we'nig, *adj.* et *adv.*, peu (de).
wer? *pron. interr.*, qui?
We'ste, *sf.* (n), gilet, *m.*
wie'der, *adv.*, de nouveau.
Wild'schwein, *sn.* (s, e), sanglier, *m.*
wir, *pron. pers.*, 1re *pers.*, nous.
wird (er), *ind. prés.*, 3e *pers.*, de **werden,** il devient.
wirst (du), *ind. prés.*, 2e *pers.*, de **werden,** tu deviens.
wo? *adv.*, où.
wohl'feil, *adj.*, bon marché.
woh'nen, *vn.*, demeurer.
Wolf', *sm.* (es, "e), loup, *m.*
Wort', *sn.* (es, "er), mot, *m.*
wur'de (ich), *imparf.* de **werden,** je devenais *ou* devins.

Z

Zahn', *sm.* (es, "e), dent, *f.*
Zäh'len, *vn.*, compter.
Ze'he, *sf.* (n), doigt de pied, orteil, *m.*
zehn', *adj. num.*, dix.
zeich'nen, *va.*, dessiner.
zei'gen, *va.*, montrer.
Zie'ge, *sf.* (n), chèvre, *f.*
Zim'mer, *sn.* (s, —), chambre, *f.*
zu, *prép.* (*dat.*), à, vers; — *devant adj.*, trop.
zufrie'den, *adj.*, content.
Zun'ge, *sf.* (n), langue, *f.*
zwei, *adj. num.*, deux.
zwan'zig, *adj. num.*, vingt.
zwölf, *adj. num.*, douze.

TABLE DES MATIÈRES

FIGURES PARLANTES

REVISION MÉTHODIQUE

DES RÈGLES DE GRAMMAIRE.

PETITES HISTORIETTES

POÉSIES ENFANTINES

CHANSONS

Paris. — Imp. E. Capiomont et Cie, rue des Poitevins, 6.

A LA MÊME LIBRAIRIE

LA PREMIÈRE ANNÉE D'ALLEMAND

Grammaire et Vocabulaire. — Exercices.
Conversations et Exercices de mémoire. — Figures parlantes.

PAR MM.

G. HALBWACHS	ET	**F. WEBER**
Agrégé de l'Université, professeur d'allemand au lycée Saint-Louis.		Agrégé de l'Université, professeur d'allemand au lycée de Versailles.

1 vol. in-12, cart. . . . 1 60 — Relié toile. 1 80

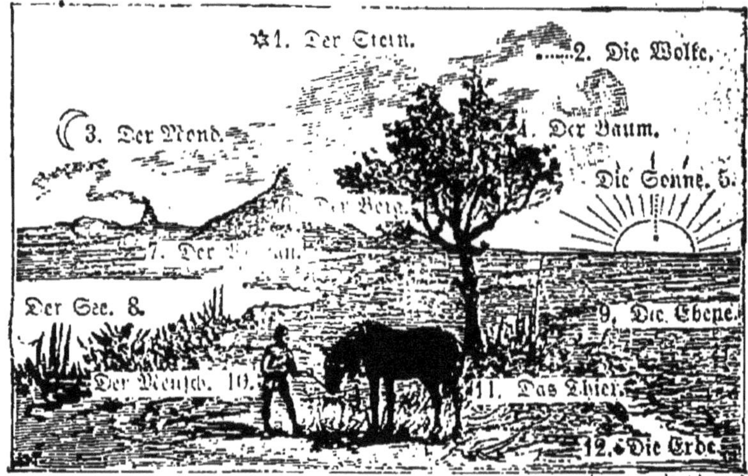

Gravure extraite de la *Première année d'Allemand*.

LA DEUXIÈME ANNÉE D'ALLEMAND

PAR LES MÊMES

32 Leçons, — Exercices, — Conversations, — Lexique français-allemand et allemand-français.

1 vol. in-12, cart. . . . . 2 »

Gravure extraite de la *Deuxième année d'Allemand*.

Paris. — Imp. E. Capiomont et Cie, rue des Poitevins, 6. (No 203)

www.ingramcontent.com/pod-product-compliance
Ingram Content Group UK Ltd.
Pitfield, Milton Keynes, MK11 3LW, UK
UKHW020116200726
13856UKWH00002B/568

9 782013 6130